高等学校

JIANMING YUNDONG
SHENGWU HUAXUE

简明运动生物化学

主　编　武桂新　严　翊
主　审　冯炜权

重庆大学出版社

内容提要

本书内容编写按照"学习任务驱动模式"的思路，采用多种灵活生动的方式将运动生物化学知识呈现出来，利于教、学互动，通过紧密联系运动实践引导学生的学习兴趣和进一步深入学习的探究，同时反映了学科的新进展。

本书主要内容分为健身运动的生化基础和竞技运动的生化基础两部分：第一部分介绍运动、体重控制和营养之间的相互关系和实践应用，运动防治慢性代谢性疾病的生化原理和应用技术；第二部分主要介绍了运动中的能量代谢和水盐代谢及相应的实践应用，力量、速度和耐力训练中的物质代谢能量供应特点、疲劳的生化表现、训练恢复和适应的生物化学，以及运动营养的生化原理和实践应用，增强了相关知识和应用的整体性。

图书在版编目（CIP）数据

简明运动生物化学 / 武桂新，严翊主编.—重庆：
重庆大学出版社，2016.12
高等学校体育学类本科专业系列教材
ISBN 978-7-5689-0311-0
Ⅰ.①简… Ⅱ.①武…②严… Ⅲ.①运动生物化学
—高等学校—教材 Ⅳ.①G804.7
中国版本图书馆CIP数据核字（2016）第309601号

高等学校体育学类本科专业系列教材

简明运动生物化学

主 编 武桂新 严 翊
策划编辑：唐启秀 贾 曼
责任编辑：文 鹏 邓桂华 版式设计：唐启秀
责任校对：刘雯娜 责任印制：赵 晟

*

重庆大学出版社出版发行
出版人：易树平
社址：重庆市沙坪坝区大学城西路21号
邮编：401331
电话：（023）88617190 88617185（中小学）
传真：（023）88617186 88617166
网址：http://www.cqup.com.cn
邮箱：fxk@cqup.com.cn（营销中心）
全国新华书店经销
重庆紫石东南印务有限公司印刷

*

开本：787mm×1092mm 1/16 印张：10.5 字数：220千
2017年3月第1版 2017年3月第1次印刷
印数：1—3 000
ISBN 978-7-5689-0311-0 定价：28.00元

本书编委会

主　编　武桂新　严　翊

编　委　高晓娟　严　翊　武桂新

主　审　冯炜权

总　序

2016年8月26日，全国卫生与健康大会以及会议通过的《健康中国2030规划纲要》体现了党和政府对人民群众健康权益和促进人全面发展的高度重视，反映了我国由体育大国向体育强国迈进的国家意志。"十三五"期间，全面建成小康社会为体育发展开辟了新空间，经济发展新常态和供给侧结构性改革也对体育发展提出了新要求，建设健康中国更是为体育发展提供了新机遇。然而，当前我国体育人才发展水平同体育事业的发展需求仍有差距，存在着体育人才总量相对不足、体育人才培养质量不高、各类体育人才发展不均衡、高层次创新型人才短缺等现象，还不能满足体育强国建设的需求，难以发挥体育人才在体育事业发展、体育强国建设中的基础性、战略性、决定性的作用。特别是在体育专业人才培养质量方面，受招生规模不断扩大、生源质量水参差不齐、培养单位软硬件等诸多因素的影响，培养质量并未达到预期的目标。究其体育教学本质原因，学校体育教学目标、教师、学生、内容、方法、过程、环境、评价等都难以免责，但是，作为教学内容的载体——教材质量的高度无疑决定着人才培养质量的水平。尽管体育学科教育改革在不断深化推进，但教学内容方面的创新改革力度仍显不足。目前，体育学类本科专业的教材内容仍以传授知识为中心，教材编写一直存在高度抽象化、纯粹理论化、逻辑不清晰、结构混乱、叙述晦涩、实例奇缺，充斥着抄袭来的公式和陈词滥调的顽疾。国际上最新的研究成果和理论较少能在教材中得到更新，缺乏内容丰富、结构合理、描述生动，并有大量生动实例的教材。整体上，体育学类本科专业教材存在建设滞后、缺乏个性化、内容更新周期缓慢、编写水平不高和装印质量低下等问题。导致的结果就是出现教师"教不会""教不清"和学生"学不会""用不上"的窘况，教学质量难以保证，更无从谈起提高教学质量。因此，如何紧跟经济社会的发展变化，编写出能反映体育学科专业的最新研究成果，更好地适应教法更新和学法创新，激发现代大学生的学习兴趣，在教材内容、逻辑结构和形式编排等不断彰显优秀经验传承与创新的教材将是编写者亟待关注的核心问题，也是提高教材编写水平和提高教学质量的重要保证。

"高等学校体育学类本科专业系列教材"是依据"健康第一"的教育理念和《高等学校体育学类本科专业类教学质量国家标准》（修订稿）（以下简称《标准》）规定的专业课程体系要求，由编委会组织了多位任课资深教师尤其是优势和特色专业学科带头人、知名学者教授，在具备深厚学术研究背景、长期教学实践和教材编撰研究经验的基础上，编写出了体现体育学科研究成果的高质量系列教材。按照《标准》规定的专业必修课课程要求，编写了专业类基础课程（体育学类本科专业均须开设的课程），包括《体育概论》《运动解剖学》

《体育心理学》《运动生理学》《体育社会学》《健康教育学》《体育科学研究方法》7门专业类基础课程。并按照专业方向课程开设采用3+X的模式要求，编写了《学校体育学》《运动训练学》《体育竞赛学》《体育市场营销》《中国武术导论》等专业方向课程以及《运动生物化学》《运动生物力学》《体育管理学》《乒乓球》《排球》《武术》《体操》《篮球》《健美操》《羽毛球》等模块选修课程。该系列教材既可以作为体育学类本科专业学生的教材使用，也可以作为各级各类体育教师和教练员的一本参考用书。

本系列教材的特色有以下几点：

一是力求体育学科理论知识阐述和论证适可而止，避免机械地理论叠加或过度地引用、借用观点。力争避免高度抽象化和纯理论化，使教学内容丰富，更加贴近现代体育专业本科生的学习兴趣需求，体现新课程体系下的新的课程内容，注重提高学生的实践能力，培养学生的创新能力。

二是立足于理论联系实际的观点，突出学以致用的目标。在编写体例强化了篇章节之间的逻辑关系清晰、结构合理，在案例、材料的选择上更加突出新意。根据知识的脉络和授课的逻辑，设计了思考、讨论或动手探索、操作的环节，提升书稿的互动性。同时，根据篇幅及教学情况，以知识拓展、阅读和实践引导、趣味阅读等形式，适当增加拓展性知识。力争使教师"教得会""教得清"，学生"学得懂""用得上"。

三是力求做到简洁、明晰。在大纲设计、内容取舍上，坚持逻辑清晰、行文简洁，注意填补新兴学科、交叉学科等教材的空白以及相关教材体系的配套，避免了大而全、面面俱到的写作。力图使教材具有基础性、实用性、可读性以及可教性，最大限度地避免言不切实，空泛议论的素材堆积。

本系列教材编委均是各个专业研究领域的专家，大都具有博士学位，对各自的研究领域非常熟悉，他们所撰写的内容均是各自潜心研究并取得的成果，有很深的研究与很高的学术造诣。如何编写好体育学类本科专业学生系列教材，全体编写人员在科学性、实用性、可读性、针对性和先进性方面做了初步的尝试。但由于编写时间仓促、交流和讨论实践不够，书中难免存在不足和错误，欢迎读者不吝赐教与批评指正，修订时将作进一步充实与完善。

虽然编委会按照《标准》的要求，有规划地对系列教材进行系统的组织、开发和编写，但由于对教材质量和水平的高规格要求，一部分重要的课程并未被列入此次教材编写的名目，编委会将在后续编写中逐步增补。

本系列教材的编写，得到了重庆大学出版社领导的大力支持与帮助。同时，原全国高等学校体育教学指导委员会技术学科组副组长王崇喜教授，全国高等学校体育教学指导委员会、河南省高校体协主席林克明教授等专家也给予了许多的鼓励、建议与指导，编写时大量参考了诸多专家、学者的前沿研究成果，在此一并表示衷心的感谢！

高等学校体育学类本科专业系列教材编委会

2016 年 10 月

序

运动生物化学是将生物化学的基本理论用于运动实践的一门应用性学科，因此在体育院系本科的教学中，应从本科学生学过的高中化学、生物学和体育知识出发，根据当前体育事业发展所必须具备的知识，精选运动生物化学的理论和应用成果，编成适用于体育本科学生的教材。切忌不分层次，求全、求新，不能只将生物化学体系加上运动变化编成教材，而违背了体育院系本科学生的认识规律，造成教师难教，学生难学。我们应了解不同国家的运动生物化学科研和教学情况，结合我国实际，选其精华，编成适用于我国的运动生物化学体系。现将国内外学科发展和教学情况简述如下：

一、以竞技运动为主线的运动生物化学体系

早在 20 世纪 50 年代，苏联已基本形成学科体系，其代表著作是雅可夫列夫（Яковлев.Н.Н.）的《运动生物化学概论》（1955）。这是 1956 年北京体育学院开设本科运动生物化学课的主要参考书，其体系是以人体化学组成、运动时肌肉的物质代谢特点、运动后疲劳和恢复过程的超代偿规律等理论为基础，阐述力量、速度、耐力等训练的生化特点、训练方法和身体机能的生物化学评定方法等。

新中国成立初期，我国运动生物化学的科学研究是以学习苏联为主。1959 年，在第一届全国运动会前后，我们对马拉松跑、短跑等项目进行了研究；其后，运动员身体机能评定和训练监控等研究也获得了国家科技进步奖，有了这些优秀成果，我们便能不断更新教材内容。1983 年正式出版的教材是人民体育出版社出版的体院本科生用的《运动生物化学》，其后 7 次修订再版；1995 年出版了运动人体科学本科生用的《运动生物化学原理》；2006 年，又出版了研究生用的《运动生物化学研究进展》；教材的建设适应了人才培养中不同教学层次的要求。体育师范院校也先后 3 次编写了教材，内容不断革新。但学生普遍反映内容多、深、难，适用性差，这是目前各体育院校生物化学教学中存在的主要问题，造成各院校运动生物化学课程设置不统一，分别为必修、限定选修或选修。

二、以生物化学基本理论在体育中的应用为主线的运动生物化学体系

欧美的研究十分重视运动时身体代谢过程的基础性研究，采用动静脉血管导流、同位素示踪和肌肉活检等方法，阐明运动时的代谢特点。从 1968 年开始举行国际运动生物化

学会议，每 3 年一届，至今已举行了 16 届，在这些会议上发表的论文不少，运动生物化学的理论和应用不断提高，如运动性疲劳的突变理论和运动分子生物学在运动中的应用等；Kuel J. 的《人体肌肉能量代谢》（1972）系统地论述了人体运动时的基本代谢过程；J.R.Poortman 的《运动生物化学原理》（1988）以及 A.Viru 等的《运动训练的生化监控》都不断充实和完善了运动生物化学系统中的理论内容。在教材方面：加拿大的 P.M.Tiidus 等于 1955、2001、2006、2012 年 4 次再版了《运动科学的生物化学入门》；V.Mougios 等的《运动生物化学》（2006），P.Junssen 的《乳酸阈训练——跑、自行车、划船、城市滑雪和相关运动》，尤其 E.A.Newsholme 等的《健康和疾病的机能生物化学》（2010）等专著。可见，欧美的教材建设和学科研究都处于先进水平。日本的伊藤朗也在 1987 年出版了《从运动生化到运动处方》。

当前，运动生物化学已成为竞技运动和运动与健康中的一门重要学科。体育院校教师应如何教好这门课，体育专业学生应如何学习和掌握这些知识。教材是教和学的根本，编好适用性教材是当务之急。

该教材的编写团队成员，均多年从事体育专业本科、硕士研究生的运动生物化学教学工作，从该教材的立项到完成，团队成员们在这一年多的时间里认真思考运动生化教学知识结构体系和体育专业学生的学习特点，结合实际，多次易稿。武桂新教授还在自行车、田径等项目的运动员训练中从事科技服务多年，有较丰富的实践经验，与刚从美国学习归来的严翊博士和高晓娟博士三人合作编成新的、适合当前学科发展的教材体系，将运动与健康及运动训练的生物化学基本理论和应用的最新研究成果，建成新的教材体系进行编写，完成既适用体育本科，又适应当前我国大力开展运动健康和体育强国需求的《简明运动生物化学》。在拜读过程中，深感该教材内容具有科学性、先进性、适用性强，且重点突出，简明扼要，使人耳目一新，是体育本科学生的一本好教材，一定会给体育本科运动生物化学教学带来春风！

建议在此教材的基础上，加强运动生物化学的实践性实验教学工作，使学生通过实验教学更直观地理解运动生物化学的基本概念和在实践中应用的原理。

冯炜权

2016 年 10 月

前　言

运动生物化学是从分子水平研究人体运动时，机体的化学变化、能量转变和运动能力表现之间的关系，以及运动后和长期体育锻炼与训练中，人体化学组成成分的变化、人体运动后的恢复规律和产生适应的规律。这些研究成果目前已广泛应用于体育健身运动和竞技体育运动，已成为体育院校中体育类专业学生的必修课。

根据多年教学经验的总结及教学体会，为了更好地适合体育专业学生的知识背景和学习特点，在本书编写中，我们参考了目前国内外主要的教学参考书，在理论阐述方面适应本科生教学要求和学生知识基础，明确概念、通俗易懂；同时围绕概念展开学习讨论，体现和增强教、学互动性；对应用技术和热点、难点问题增加拓展知识，引导师生开展问题导向式学习（PBL），并适当设计一些思考、讨论和探索的环节；在全书内容设计上，不求大而全，力求结合实践理解讲述的基础知识。在章节之间相关内容的安排上，注意了前后之间内容的一致性，避免重复，同时从逻辑上进行更好的衔接。

本书总体分为健身运动的生化基础和竞技运动的生化基础两部分。

第一部分：健身运动的生化基础。第一章是运动、体重控制和营养之间的相互关系，介绍针对于不同的健身目的，制订相应的运动方案及营养补充方案。第二章在简要介绍糖尿病、高血脂、高血压及骨质疏松等慢性代谢性疾病发生的生物化学基础上，学习运动防治糖尿病、高血脂、高血压及骨质疏松等慢性代谢性疾病有关生物化学知识，以便初步掌握糖尿病、高血脂、高血压及骨质疏松等慢性代谢性疾病运动处方制订原则及营养补充原则。

第二部分：竞技体育的生物化学基础知识。第三章简要介绍人体运动中肌肉内生成能量的 3 个途径的生化过程，了解不同强度的运动中能量生成的调节，在运动训练实践中，肌肉能量供应方式的连续性及与训练强度的关系；并初步了解运动中水盐代谢与体温调节的关系。第四章学习力量、速度和耐力训练中的物质代谢能量供应特点，力量、速度、耐力训练中疲劳和适应的生化表现。在力量、速度、耐力训练恢复和适应的生物化学内容的学习中，以供能物质代谢特点为主线，将运动中的能量供应和运动疲劳的内容，与训练中的训练方法以及训练监控相结合，增强了相关知识和应用的整体性。在第五章中，根据运动员在不同项目和不同训练类型中能量代谢的特点，以力量、速度、耐力训练中运动员的能量需要、营养素需要为主线，详细介绍了运动前、运动中、运动后如何做好运动员合理营养的生化原理和实践应用。

冯炜权先生为全书的编写进行设计和写作指导，对全书的内容进行审校，并为本书作序。编写的主要内容参考谢敏豪等编写的《运动生物化学》，冯连世等编著的《运动训练的生理生化监控方法》，冯炜权等主编的《运动生物化学研究进展》，武桂新、伊木清主编的《运动营养学》，以及 MacLaren 主编的 *Biochemistry for Sport and Exercise Metabolism*，Maughan 主编的 *The Biochemical Basis of Sports Performance*。对于书中众多作者的辛苦劳动深表感谢。对于本书存在的不足和缺陷，请师生们及时反馈，我们将十分感谢。

编　者

目 录

绪论

第一篇　健身运动的生物化学基础

第一章
运动控制体重的生物化学基础

第二章
运动防治慢性代谢性疾病的生物化学基础

第二篇　竞技运动训练的生物化学基础

第三章

竞技运动的能量和物质代谢基础

第四章

力量和速度、耐力训练与适应的生物化学基础

第五章

竞技运动营养生化分析

参考文献

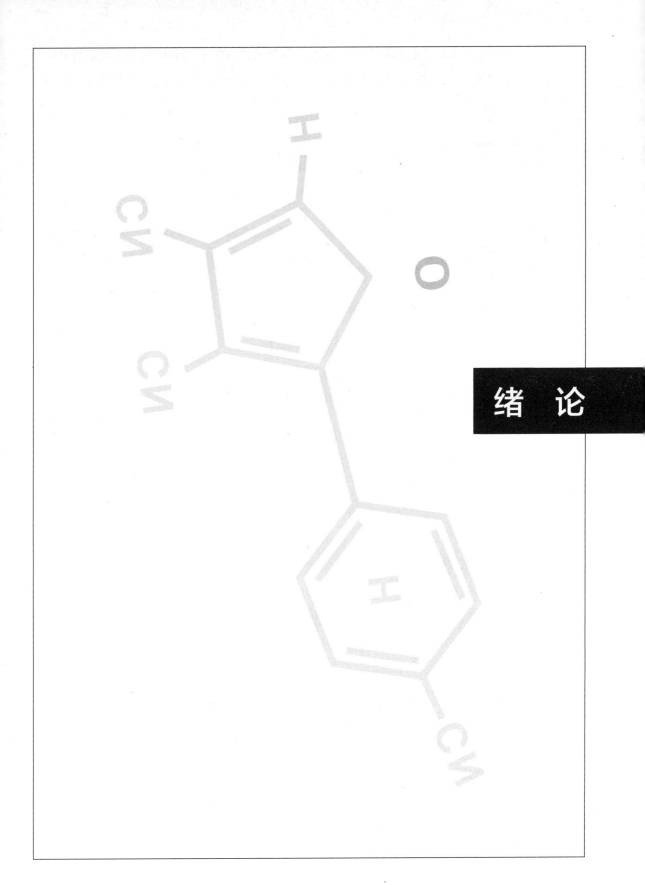

绪　论

运动生物化学是从分子水平研究人体运动时，机体的化学变化、能量转变和运动能力表现之间的关系，以及运动后和长期体育锻炼与训练中，人体化学组成成分的变化、人体运动后的恢复规律和产生适应的规律。

一、运动生物化学在运动人体科学中的地位

运动人体科学研究的对象是复杂的人体，它为促进全民健康、防治某些疾病和增强体质的生物学意义提供理论基础；在竞技运动中为运动员选拔、训练监控中的训练方法和负荷监控、机能监控、加速消除运动疲劳、合理营养和兴奋剂监测等提供科学依据。因此，运动人体科学是体育科学中的应用性基础学科。运动生物化学是从分子水平（包括生物大分子和分子）研究运动对人体分子组成（化学组成）的适应以及物质代谢（化学变化）和能量代谢相互规律的一门学科。它有别于解剖学、生理学、分子生物学等课程。

二、运动生物化学研究内容和展望

1. 身体化学组成的相互作用与健康和运动能力的关系

运动能改善人体的化学组成。在体育锻炼和竞技运动训练中，人体化学组成会发生相适应的改变，在早期的运动生物化学研究中，它是研究的一个重要内容。体内的化学组成、不同代谢途径中酶活性在运动中的适应性变化便成了运动能力和增强体质的基础。如有氧运动可减体脂、控体重、防治糖尿病和心血管疾患等；在竞技运动训练中，增加肌肉蛋白质有助于提高力量；增加骨骼肌糖原、提高血红蛋白有助于增强自行车、长跑等运动员的耐力。

糖、脂类、无机盐和水之间的关系，运动与内环境的酸碱平衡、脱水和补水等都是重要的研究课题。同时，随着近年来健身运动的研究课题在流行病学中的广泛应用，可以预见，在不久的将来流行病学和运动生物化学的交叉领域将是运动科学研究的一个热点。

2. 运动时代谢过程的相互关系及其调节

20 世纪 50 年代以来，运动生物化学以物质代谢和能量代谢为理论基础，提出运动中无氧代谢过程主要是磷酸原代谢和糖酵解供能系统；有氧代谢运动时存在磷酸原代谢及糖、脂肪和蛋白质分解供能系统的代谢过程。供能系统可分解为磷酸原系统、无氧糖酵解系统、糖有氧代谢系统和脂肪有氧代谢系统 4 个供能代谢系统。

运动时的供能物质磷酸肌酸、糖、脂肪和蛋白质之间存在互补、互助和互克的关系，如糖供应量和储量充足可减少脂肪和蛋白质的消耗；在运动恢复期中，同时足量供应糖与蛋白质对

肌肉能源与运动能力的恢复有较大帮助。

运动生物化学从分子水平上以物质代谢为基础进一步深入研究运动时的基质代谢及供能特点、不同运动项目、不同训练水平、不同训练周期基质如何消耗和恢复与提高物质代谢和能量代谢间的协调性，为人类健康、运动训练和提高运动能力创造优异成绩提供科学基础。

3. 增强体质、促进健康和提高运动能力的生物化学基础

研究有氧代谢运动在全民健身中的理论基础：有氧代谢运动是健身和康复的基础，如进行健身运动处方、控制体重和代谢综合征、糖尿病、高血脂、冠心病和慢性疲劳综合征等的康复体育锻炼。

研究竞技运动中运动员训练期的科学化训练方法：以专项的有氧和无氧代谢能量供应为基础，结合运动员的专项水平，科学选择训练方法和进行训练的生化监控、物理负荷和生理负荷的评定、运动员负荷后的机能评定等。

研究运动员训练期中身体疲劳和恢复过程及如何避免过度训练的问题。

研究运动健身和提高竞技能力及合理补充营养的运动生物化学理论基础。

三、运动生物化学和其他学科的关系

1. 运动生物化学与体适能和健康

体适能与健康是随现代生活的发展而产生的学科。由于当代科学与技术的发展，机械化和自动化程度越来越高，人体的体力活动减少，生活节奏加快，心理压力加剧，生活水平提高而不注意合理膳食和运动不足导致出现文明病，主要表现为代谢综合征，如肥胖、高血脂、糖尿病和高血压等及亚健康状态和慢性疲劳综合征。在这种情况下，通过加强体育活动，合理营养，达到身心适应当前社会发展的要求，以充沛的精力、乐观的精神投入工作和各种业余活动，是当前社会发展的需要。目前，为提高健康水平的体适能运动随之兴起，有氧代谢运动是体适能与健康，增强体质的科学基础。因此，在运动生化研究中应加强研究有氧代谢运动与健康和体适能的关系；加强研究有氧代谢运动与减肥，防治高血脂、糖尿病和心血管病过程中的机理，发挥运动生化在全民健身中的作用。

2. 运动生物化学与运动训练

运动训练学是研究运动训练规律的科学。运动训练是为了提高运动员的竞技能力和运动成绩，现代运动训练过程与科学技术发展密切相连，人文社会科学和自然科学在运动训练过程中发挥着各自的作用。运动生物化学中的物质和能量代谢——有氧代谢和无氧代谢在不同

运动项目竞技过程中的需求，已成为提高运动能力的重要物质基质。运动时血乳酸浓度变化的特点是评定专项素质训练方法和负荷强度的重要指标；血清睾酮、血清肌酸激酶、血尿素、血红蛋白和尿液指标是评定训练和比赛期运动员身体机能状态的常用指标；在运动员的合理营养和特殊营养补充品的过程中、监测运动员滥用兴奋剂时，运动生物化学的理论和技术是不可缺少的。

3. 运动生物化学与运动人体科学中其他学科的关系

运动生物化学是运动人体科学中的一门学科，是直接为运动实践服务的专业基础课。与运动营养、运动生理、运动医学、运动生物力学、运动心理学和运动解剖学等都有密切关系，在各自的学科体系中互相渗透，互相促进。

第一篇

健身运动的生物化学基础

目前，世界范围内，慢性代谢性疾病已成为威胁人类生命和健康的首要原因。不健康饮食、能量过剩、体力活动不足，以及肥胖等慢性代谢性疾病已成为世界性公共卫生问题。流行病学的研究表明，因疾病造成的死亡中，有一半以上死于所谓的生活方式病，其中，缺乏运动是不合理生活方式中的重要一项。近年来，越来越多的研究证实，适宜的健身运动对心血管、呼吸、神经等系统的机能均有良好的促进作用。规律的运动具有降低肥胖、心血管疾病、糖尿病、骨质疏松，甚至癌症发病风险的作用。随着认识水平的提高和发展，运动对健康的促进作用越来越受到重视，越来越多的人加入到运动健身的行列中。那么为什么运动可以改善人体健康？怎样运动最合适？如何才能更好地指导各类健身人群开展科学的健身运动？本篇将重点介绍运动在体重控制和糖尿病、高血脂、高血压、骨质疏松防治中的作用机理，以及不同人群在运动中应遵循的运动原则。

第一章
运动控制体重的生物化学基础

【学习任务】

    体重控制是指人为地采用某些手段对体重加以控制，涉及减体重、在某一时期保持体重不变以及增加体重3个方面。肥胖是指由于脂肪细胞的数量和体积的增加，引起脂肪组织过剩和体重增加，体脂含量超过正常标准的现象。运动不足和食物能量摄入高于体力活动消耗的因素均可累积造成肥胖。通过规律的运动，保持和增加肌肉量，增加能量消耗，增加肌肉线粒体含量，产生适应性的内分泌变化，均对减少体脂含量起到积极作用。无论对体重偏轻人群，还是对超重／肥胖人群，体重控制过程中适当增加骨骼肌含量都具有非常重要的健康促进作用，而运动是增加肌肉的最佳手段。通过学习肥胖发生的生物化学基础，运动减重、增肌的生物化学原理及相关运动方案和营养补充方案的基本原则，应能够根据健身人群减重、减脂、增肌的不同健身目的提供科学合理的运动健身指导及膳食营养建议。

【学习目标】

1. 掌握减重、减脂和增肌的基本概念。
2. 理解肥胖发生的生物化学基础。
3. 理解运动减体重的生物化学原理。
4. 掌握制订减体重的运动方案的基本原则。
5. 掌握运动减体重的营养补充原则。
6. 理解运动增肌的生物化学原理。
7. 掌握运动增肌的营养补充原则。

个体的体重，是由遗传和行为（摄入食物的数量和成分、参加体育锻炼的多少等）因素相互作用而决定的。对一个正常成年人而言，体重变化往往意味着热量摄入与消耗之间的不平衡。体重控制是指人为地采用某些手段对体重加以控制，涉及减体重、在某一时期保持体重不变以及增加体重3个方面。研究证实，体重过重或过轻都会引起一系列的健康问题，如肥胖、糖尿病、骨质疏松等。因此，体重与健康之间的关系已受到越来越多的关注，建立在健康基础上的体重控制问题日益突出。运动作为增加能量消耗的有效手段，在体重控制中发挥着不可替代的作用。

　　在体重控制过程中，减体重是指身体总重量降低，包括肌肉、脂肪、水分等，减重过程肌肉和脂肪会一起流失，不可能只减少脂肪而不减少其他任何组织。减脂是降低体脂率或减少脂肪。减脂不意味着减重，同体重、同身高下不同体脂率的身体曲线差异极大。而增肌是增加身体肌肉含量，在身体其他成分不变的同时增加肌肉含量会增加身体重量。适量的脂肪含量减少，肌肉含量增加，是维持体重或增加体重期，体成分改善的标志。

第一节　运动减体重的生物化学基础

　　目前，全世界肥胖及超重人口已达到21亿，相当于世界人口的30%。肥胖已成为世界第四大社会医学问题，是导致糖尿病、高血脂、高血压、冠心病等代谢性疾病的直接原因之一，成为全球引起死亡的第五大风险因素。因此，狭义的体重控制集中在了减重的问题上。

一、肥胖发生的生物化学基础

（一）肥胖的概念

　　肥胖是指由于脂肪细胞的数量和体积的增加，引起脂肪组织过剩和体重增加，体脂含量超过正常标准的现象。对成年人而言，肥胖的发生以脂肪细胞体积的增加（即肥大型肥胖）为主；对处于生长发育期的少年儿童而言，肥胖的发生以脂肪细胞数量增加（即增殖性肥胖）为主。如图1.1所示，减脂过程中，脂肪细胞体积可发生改变，但脂肪细胞的数量未发生改变，因此，肥胖对少年儿童的危害比成人更大。

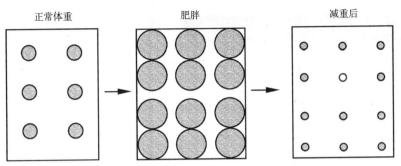

图 1.1 体重变化过程中脂肪细胞的变化

日常生活中所见的肥胖多为原发性（单纯性）肥胖。原发性肥胖的发生多是由于不良的生活习惯导致机体的能量摄入大于能量消耗，多余的能量以脂滴的形式储存在脂肪细胞中。成年人体重增加的原因有 3 类：遗传和环境的相互作用、运动不足，以及常量营养素摄入的不均衡。

关于遗传对体重增加的作用，多年来一直是研究的热点。瘦素基因缺陷型小鼠的肥胖，说明瘦素在肥胖发生的调控中可能起重要作用。还有两种解偶联蛋白（uncoupling protein，UCP）——UCP-2 和 UCP-3，也可能与肥胖的发生有关。这种蛋白可以使线粒体磷酸化解偶联，能量物质（ATP）产量减少，"浪费"的热量增加。肥胖抵抗者的这种蛋白表达较多，其"浪费"的热量也多，因此不发生肥胖。但应该指出，遗传虽然与肥胖有关，但在肥胖的发生中并不是必要条件。

（二）肥胖与运动

1. 运动不足会造成肥胖

一般认为运动不足会造成肥胖，不少研究也证实了这一点。案牍工作者与经常运动的同龄人相比，体脂含量较高。对运动员的研究也发现，体脂与运动量成反比。但关于运动量与体质指数关系的纵向研究材料太少，因而还不能断言，运动缺乏是肥胖的原因还是肥胖的结果。有一项长达 10 年的研究发现：起始时运动量与 BMI 明显相关，但十年后二者间则不再有这种明显的相关关系。倒是大幅度的体重增加，与运动不足呈负相关。因此，研究者认为运动不足可能是体重增加的原因，也可能是其结果。

2. 体力活动消耗能量低于食物能量摄入

任何人每天的食量都可能不同，运动量也会不同，这种变化会导致常量营养素日储备量和氧化量的波动。肥胖抵抗者的体重和体成分在多年内保持不变，说明其总的能量摄入和消耗是平衡的，自身有一个很精确的调节机制。这种能量和常量营养素平衡的打破，会引发重新建立平衡的补偿机制的启动。如果体重增加，就说明一种或多种常量营养素及总能量原有的平衡被破坏，而代之以在新的体重上的平衡。这说明机体已丧失了保持原有平衡的能力，这取决于每个人的功能显型。

二、运动减体重的生物化学原理

［案例展示］

肖恩·约翰逊，1992 年 1 月 19 日出生在美国衣阿华州州府得梅因，16 岁时就成为美国家喻户晓的体操选手。这个出道时以乖巧著称的体操明星曾在北京奥运会夺得体操金牌，并两次摘取"全美青少年抉择奖最好女运动员"，她还在真人秀《与星共舞》中获得了冠军。体操是一碗青春饭，女子体操更是如此，要出名就得早出道，在众人眼中光彩夺目的肖恩却差点错过了站上世界冠军领奖台的机会。

17 岁时，由于发育问题，肖恩·约翰逊的体重开始迅猛增长。2010 年，原本计划参加伦敦奥运会的她在一次滑雪中撞伤了左膝，最初她只认识到"奥运梦想被撕裂"，但打击接踵而至。受伤后，她开始热衷垃圾食品，还患上了轻度抑郁症。之后两年，她的体重暴涨了36 kg，因此只能遗憾地宣布退役。在花费大量时间治疗和自我认识以后，约翰逊选择了跑步。当约翰逊第一次完成 5 km 后，她就觉得自己应该去应战马拉松。功夫不负有心人，两年后，她的体重终于减去了 36 kg。跑步让约翰逊有了非常大的变化，她又恢复了女神形象，她希望以自己的例子鼓舞更多人具有安康生活。于是，约翰逊开启了自己的创业：The Body Department——一个致力于健身和饮食的美体网站。

（一）运动与能量消耗

适当的运动可以达到很好的减体重效果，其主要原因在于运动是增加能量消耗的主要手段之一。人体日常的能量消耗主要包括 3 部分：基础代谢、食物的热效应和运动的热效应。其中，运动的热效应因运动者、运动强度、时间和频率不同而不同。见表 1.1。

表 1.1　节食组、运动组和节食＋运动组体重、体脂和去脂体重的变化

指　标	节食组	运动组	节食＋运动组
总体重（kg）	-11.7	-10.6	-12.0
	（-100%）	（-91%）	（-103%）
体脂含量（kg）	-9.3	-12.6	-13.1
	（-100%）	（-135%）	（-141%）
去脂体重（kg）	-2.4	+2.0	+1.1
	（-100%）	（+183%）	（+146%）

①运动本身能增加能量的消耗，坚持体育运动，每次采取 30 min 以上的有氧运动，就能不断地消耗由脂肪氧化提供的热量。

有研究显示，运动可减轻高脂饮食造成的脂肪正平衡，抑制过度饮食造成的脂肪细胞数量

增生，减少脂肪细胞体积的增加。运动结束后体内脂肪酸和乳酸继续氧化，体内糖储备的恢复都需要消耗能量，以及运动引起的内分泌变化、体温增高等因素均可使运动后的静息代谢率升高持续 2~10 h。研究发现，一般人完成 15~40 min，40%~70% 最大摄氧量（ VO_{2max} ）强度的运动后，可使运动结束后额外多消耗 5.02~29.88 kcal 的能量。一项研究结果显示，以 73% 最大摄氧量的运动强度完成 40 min 运动后，其过量氧耗持续至少 14 h，并额外消耗机体近 200 kcal 的热量。运动后的能量消耗与运动强度成正比，即如果进行大强度的运动，则可使运动后额外的能量消耗加大，并明显提高每日的能量消耗。

②食物的热效应对基础代谢和运动的热效应可能都有影响，影响的结果是使能量消耗总体增大，达到减体重的目的。

同时，运动还可增加食物的特殊动力作用，使能量消耗增加。研究显示：静坐少动人群和活跃运动人群 10 年后的体重指数（Body Mass Index，BMI）水平呈现不同的变化趋势，静坐少动人群 10 年后体重指数显著增加，而活跃人群 10 年后的体重指数水平基本保持不变。因此，运动疗法是一种科学、有效的减肥方式。

（二）运动与脂肪代谢

1. 运动中消耗脂肪的来源

在运动减重过程中，减少脂肪含量是主要目的，即运动中机体通过分解脂肪获得能量的过程。运动中可用来分解供能的脂肪主要来源于：①骨骼肌细胞内储备的脂肪酸；②脂肪组织中经过脂肪动员出来的血浆游离脂肪酸。研究指出，运动强度在 25% 最大摄氧量时，血浆游离脂肪酸浓度增加的速度是安静时的 5 倍；运动强度达 25%~65% 最大摄氧量时，肌糖原分解成了重要的能量来源，血浆游离脂肪酸浓度增加的速度不变，脂肪分解的总量上升，其来源应该是骨骼肌细胞中储备的脂肪酸；运动强度达 85% 最大摄氧量时，骨骼肌收缩主要靠肌糖原分解成供能，这时，血浆游离脂肪酸浓度下降。因此，如果只强调运动中的能量消耗，对减体重、降体脂而言，低强度运动无疑较高强度运动效果更好。但这又无法获得大强度运动对提高运动后能量消耗的益处，如何将两者结合起来，是很值得研究的。

2. 长期的耐力训练是减少体脂的主要运动方式

①有研究表明，长期的耐力训练，可以改变食物脂肪在体内的流向。经过长期耐力训练的人，进食脂肪后，消化吸收的脂肪酸有更多的储备在骨骼肌细胞中，以便运动时分解供能。长期进行耐力运动，对改善全身脂代谢和血脂成分，调整体脂分布和体成分，都非常有益。

②耐力运动可提高骨骼肌、肝脏和脂肪组织细胞的胰岛素敏感性；增加骨骼肌细胞对脂肪

的氧化；降低肝脏脂肪酶的活性，减少肝脏高密度脂蛋白 2（HDL2）的降解，以及极低密度脂蛋白和载脂蛋白 B（Apo B）的分泌；进而使血液中低密度脂蛋白（LDL）浓度下降，高密度脂蛋白 2 浓度增加。

③长期耐力运动训练显著增加线粒体数量。已有多项研究证实适宜的运动可以提高空腹血浆脂解活性，其原因是线粒体数量增加、体积增大以及伴随的氧化酶活性增强。20 周的自行车锻炼能够使高血脂患者（血脂水平超过 250 mg 以上）的血脂降低约 20%，高密度脂蛋白浓度、脂蛋白 A-I 水平显著提高，并且脂蛋白酶被活化，高密度脂蛋白水平的提高与内脏脂肪的减少成正比，与甘油三酯的基线水平成反比，如图 1.2 所示。其机制可能主要与脂蛋白酶活性提高有关。运动还可以激活过氧化物酶体增殖物激活受体-γ 和过氧化物酶体增殖物激活受体-α，可以增强包括调控高密度脂蛋白代谢的基因编码蛋白的表达。这些改变可以减少富含甘油三酯脂蛋白浓度，使高密度脂蛋白的浓度增加 8%~10%。

④运动可通过调节内分泌代谢来增加机体的能量消耗，降低体脂含量。骨骼肌胰岛素受体结合力下降是肥胖者的一个明显特征，从而发生胰岛素抵抗，使大量的葡萄糖进入脂肪组织，能量以脂肪的形式储存。有氧运动可以改善肥胖者胰岛素的敏感性，逆转肌细胞膜胰岛素受体结合力的下降，从而有效地调节体成分，达到减脂的目的。

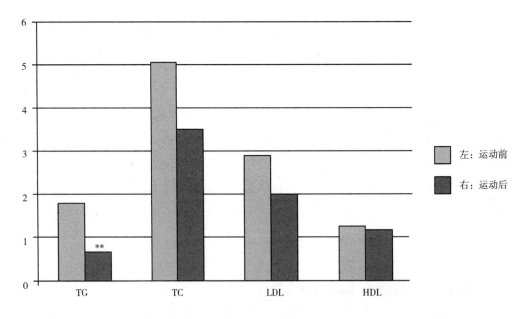

图 1.2　有氧运动对肥胖儿童血脂的影响（引自张忠英，2010 年）

三、减体重的运动方案

（一）有氧运动

①通常减体重的运动方案以大肌肉群参与的有氧运动为主，结合抗阻运动和柔韧性练习。

其中有氧运动以燃烧脂肪为目的，运动强度推荐为中等强度至较大强度。起始强度应保持在 40%~60% VO_{2max}/h，逐渐增加到 ≥ 60%VO_{2max}/h，并逐渐延长运动时间，增加运动频率。建议运动时间可由每天运动 30 min，逐渐增加到每天 60 min，每周至少 5 次。增加更多的较大强度运动可以获得更多的健康益处。但是参与者应量力而行，因为较大强度的运动可能会造成更多的损伤。此外，每次至少 10 min 的间歇运动也是一种有效的运动方法，对于运动初期可能效果更明显。在此基础上，运动形式可根据个人爱好选择。

②对于减体重来说，抗阻训练可以增加肌肉量和身体机能，是有氧训练的辅助练习。

在一个低负荷、高组数的持续抗阻训练循环中，每分钟能消耗平均 9 kcal 的能量。虽然抗阻运动引起的能量限制不能阻止去脂体重和安静代谢率的下降，但是抗阻运动可以加强超重和肥胖人群的肌肉力量和身体机能，从而获得更大的健康效益。减体重的抗阻训练中应注意多关节肌混合运动（如卧推、蹬腿和臂屈伸），同时也应包括单关节练习，如肱二头肌弯举、三头肌伸展、股四头肌拉伸、提踵等。为了避免肌肉发展不平衡所导致的损伤，应同时训练相对肌群（如主动肌和拮抗肌），如下背部和腹部、股四头肌和腘绳肌。

③为了长期控制体重，应该保证至少每天 30 min 的中等至较大强度的运动，并逐渐增加至每周 250 min。

对于一个超重或肥胖个体，体重减少 5%~10% 可获得明显的健康益处。改变饮食目标和运动习惯，并保持这两个行为的改变就会获得显著的长期的减重效果。

（二）高强度间歇运动

高强度间歇训练（High Intensity Interval Training，HIIT），最初在 1959 年由德国心脏病学家 Reindell 提出，之后长期被应用于高水平竞技运动员体能训练，现已逐渐运用在大众健身及慢性疾病患者的康复治疗及指导中。

HIIT 作为间歇训练法的分支，定义为运动强度大于机体无氧阈值，每组训练的持续时间一般为 10 s~5 min，运动间歇期采用低强度运动或者完全放松休息，使机体不完全恢复，总运动时间较短。HIIT 按运动强度可分为冲刺间歇训练（Sprint Interval Training，SIT）和有氧间歇训练（Aerobic Interval Training，AIT）。SIT 通常为 30 s 全力冲刺（运动强度 100%VO_{2max}），间歇恢复期 4~4.5 min，总时间 15~30 min；AIT 通常为 1~4 min 高强度运动（80%~95% VO_{2max}），间歇恢复期 3~4 min，总时间 10~30 min。

HIIT 在体重控制中的优势在于：

1. 有效地消耗总能量

运动研究显示，消耗相同热量并摄入食物营养素组成比例一致的条件下，HIIT 在较短时间内即可达到有氧运动中的能量消耗（总时间比有氧运动短 15%~20%），且 24 h 能量消耗来源基本一致（脂肪为主），并能有效增加机体静息代谢率。此外，在高强度运动中，机体肾上腺素和去甲肾上腺素分明增多；运动后，生长激素、甲状腺素分明增加，也可刺激机体代谢增强，静息代谢率增加。大强度运动后引起食欲在短时间内下降，可进一步促进能量的负平衡。

2. 提高心肺耐力

单纯性超重 / 肥胖人群，多由于体力活动不足导致心肺耐力水平低下。低心肺耐力是与人类全死因死亡率关系最密切的危险因素。大型队列研究都提示运动强度与心肺耐力之间明显的剂量—效应关系。高强度间歇运动时足够强度的肌肉刺激运动可以反射性地引起呼吸及循环系统机能的运动适应。运动间歇期，运动器官得到暂时休息，而肺通气量、心输出量和摄氧量仍在高值，此时机体呼吸、循环系统仍在接受运动刺激。因此，HIIT 对心肺功能的影响优于长时间的有氧运动。

HIIT 频率一般为 2~5 次 / 周，运动强度 80%~100% VO_{2max} 或平均动脉压（MAP）。持续时间（包括间歇时间）不超过 25 min。运动形式采用平板或者功率自行车，或两者结合。每次运动包括热身、HIIT 及运动后放松。干预周期 2~13 周不等。所有研究均报道有不同程度的减重效果，尤其是减脂效果，并可见心肺功能的提高。因此，现在国际运动医学界流行的看法认为，同样的运动时间内，减脂效率最高的运动恰恰是高强度无氧间歇运动。高强度无氧间歇运动停止以后，身体消耗的能量比有氧运动停止以后大很多，且 HIIT 运动安全性和运动乐趣显著高于长时间有氧运动。对一些胖人来说，很难靠有氧运动减肥成功，因为很难坚持运动半个小时以上，靠短时间的高强度无氧间歇运动来瘦身，效果可能更好也更容易。

作为一种高强度运动，HIIT 的安全问题不容忽视，尤其是作为超重肥胖人群，本身日常体力活动量较少，突然的高强度运动可能导致机体电解质发生大幅度改变，水分大量流失，乳酸堆积。此外，运动中皮肤表面血管扩张可能导致心脏和大脑供血不足，轻者头昏眼花，重者虚脱休克。不仅如此，未经指导的不科学高强度运动容易造成急慢性运动损伤。因此，开展 HIIT 时，需要特别注意安全性与合理性。

四、运动减体重过程中的营养补充

体重的变化关键在于能量摄入和能量消耗平衡关系的变化。一般情况下，摄入大于消耗，体重就增加；反之则减少。因此，减体重的基本原则就是要增加能量消耗。如果一方面通过运动增加了能量消耗，另一方面又加大食量增加了能量的摄入，则无法达到减体重的目的。但为了保障身体健康，又不能过度地节食或禁食，而是应特别注意减体重期间的营养。

（一）糖

由于糖可以在体内经过一系列代谢反应后转变成脂肪，因此很多人在减体重期间会过分强调少吃，甚至不吃糖。这样就会造成别的食物摄入增加，如脂肪和蛋白质等。实际摄入的热量可能还超过了原有水平。由于糖摄入过少，身体大量通过分解脂肪供能，酮体产生增加，可能导致体内酸性物质堆积，影响健康。

关于减体重期间糖摄入多少，一般原则是尽量少吃或不吃"精制糖"，如蔗糖、各种甜食和含糖饮料，保证充足的淀粉类糖的摄入，如谷类、面粉、玉米等。这些多糖类食物，不仅为人体提供必需的能量，还是维生素、矿物质和食物纤维素的重要来源。各种饮料中的含糖量如图 1.3 所示。

图 1.3 各种饮料中的含糖量

（二）蛋白质

减体重期间应该注意保证摄入适量的蛋白质，至少达到相应的推荐摄入量。如果摄入不足，会造成肌肉蛋白质的丢失，影响生长发育等。但也没有必要过多地摄入蛋白质，影响减体重的效果。因为食物蛋白质多与脂肪结合在一起，如各种肉类等，所以在增加摄入蛋白质的同时，会增加脂肪的摄入，造成热量摄入过多。

（三）脂肪

减体重期间应该减少脂肪的摄入，这是一个原则性问题。脂肪不仅含热量高，而且消化吸收后很快就直接变成了人体的体脂，这正是我们减体重所需要减去的部分。但在减少食物脂肪含量的同时，要注意保证必需脂肪酸的供应，尤其是对生长发育期间的儿童少年。要有足够的脂肪，作为脂溶性维生素的溶剂，使机体有充足的脂溶性维生素摄入。因此，提倡尽量减少饱和脂肪酸的摄入，如用植物油替代动物油，喝低脂或脱脂牛奶等。总之，由于脂肪对人体健康、食物的口感和外观等都是必不可少的，我们虽然提倡少吃，但不提倡不吃，不能因为减体重而影响健康。

（四）其他营养物质

由于减体重期间的膳食调整，要特别注意某些食物营养素的摄入，一定要保证不会因减体重而出现营养不良的情况。维生素是容易缺乏的一种营养素，因此，可在减体重期间适当补充维生素制剂。同时注意在不增加热量摄入的前提下，多吃富含维生素的水果等食物，尤其是水溶性维生素比较容易从蔬菜和水果中获得，要多吃这些食物。

某些矿物质也容易出现缺乏，如钙、铁、锌等。由于这些矿物质主要含在动物性食物中，而减体重期间又控制了这些食物的摄入量，因此要注意额外加以补充。可多喝牛奶补钙，加大蔬菜中富含矿物质的深绿色蔬菜的比例，多吃含锌丰富的干果等。但一个总的原则是，一定不能因此而增加了食物总热量的摄入。为保证这一点，也可用一些安全的维生素、矿物质制剂替代食物进行补充。

肥胖评价标准

一、身体质量指数

身体质量指数（BMI）= 体重（kg）/ 身高（m²）。目前，国际上均以 BMI 为标准来评价体重是否正常，具体划分标准见表 1.2。

表 1.2　依据 BMI 的体重分级标准

	WHO 标准	亚洲标准	中国标准	相关疾病发病危险性
偏瘦	< 18.5			低（但其他疾病危险性增加）
正常	18.5~24.9	18.5~22.9	18.5~23.9	平均水平
超重	≥ 25.0	≥ 23.0	≥ 24.0	
偏胖	25.0~29.9	23.0~24.9	24.0~27.9	增加
肥胖	30.0~34.9	25.0~29.9	≥ 28.0	中度增加
重度肥胖	35.0~39.9	≥ 30.0	—	严重增加
极重度肥胖	≥ 40.0			非常严重增加

二、腰围

腰围能够单独使用或与 BMI 联合使用来作为一个肥胖相关健康分析的预测指标。美国国家卫生研究院提出男性腰围 ≥ 102 cm，女性 ≥ 88 cm 可作为判断是否具有腹部脂肪的标准，与表 1.2 结合，判断是否存在中心性肥胖，见表 1.3。

表 1.3　依据腰围判断肥胖相关并发症的存在风险

肥胖相关并发症	性　别	腰围 /cm
中度风险	男性	≥ 94
	女性	≥ 80
高度风险	男性	≥ 102
	女性	≥ 88

小结

减体重不完全等同于减脂。有氧运动是促进脂肪分解，增加能量消耗的有效手段。减体重方案应以大肌肉群参与的有氧运动为主，结合抗阻运动和柔韧性练习。为了长期控制体重，应该保证至少每天 30 min 的中等至较大强度的运动，并逐渐增加至每周 250 min。

探索与思考 1.运动在减体重、改善人体健康方面有哪些作用？

2.减体重期间，不同人群的营养补充有区别吗？

延伸阅读 《中国超重/肥胖医学营养治疗专家共识（2016年版）》节选（中华糖尿病杂志，2016，8（9）：525-540.）

超重/肥胖的运动治疗

一、背景

运动对减肥的影响取决于运动方式、强度、时间、频率和总量。2013年美国关于成年人肥胖管理指南推荐，增加有氧运动（如快走）至每周150 min以上（每天30 min以上）；推荐更高水平的身体活动（每周200~300 min），以维持体重下降及防止减重后的体重反弹（长期，1年以上）。

二、证据

①运动与成年人减肥：一项分析发现，有氧运动对降低内脏脂肪有显著效果（干预时间4周~2年，每次运动20~75 min），而渐进性抗阻运动和有氧结合抗阻运动均无显著效果，建议有氧运动作为降低内脏脂肪的核心运动。另一项分析中741例受试者的BMI在27.8~33.8 kg/m^2，运动干预时间为2.5~6个月，结果显示有氧运动的减肥效果更明显，抗阻运动对提高瘦体重更有效，与抗阻运动比较，有氧运动结合抗阻减肥效果更明显。比较不同的运动量和运动强度，结果显示运动组体重和腰围均显著减少，各组间差异无统计学意义，这项研究表明不同运动量和运动强度对腹型肥胖可能均具有减肥效果。

②运动结合营养干预与减重：一项分析中，在12~72个月内，营养干预方式为降低能量摄入，主要为低脂（≤总能量的30%）、低饱和脂肪酸、增加水果蔬菜和膳食纤维的摄入；运动干预主要是在监督下进行有氧运动和抗阻训练，强度为50%~85%最大心率。结果发现与单纯饮食组或运动组相比，饮食结合运动的减重效果更加显著。

三、运动治疗推荐意见

①运动对减肥的影响取决于运动方式、强度、时间、频率和总量。

②推荐采用有氧运动结合抗阻运动的模式预防与治疗超重或肥胖。

③与单纯饮食或运动相比,饮食结合运动的减重效果更加显著。

④针对儿童肥胖,采用饮食结合运动短期和长期干预均能达到减重和改善代谢的效果。

运动增肌的生物化学基础

第二节

人体的体重是由瘦体重和脂肪重量两部分组成。瘦体重包括肌肉、骨骼、器官、体液及皮肤等非脂肪组织,它与体力、有氧能力及最大吸氧量呈正相关。人们在控体重的时候,要尽可能地以去除多余的脂肪为主,瘦体重则应尽量予以保持。

任何的身体活动和体育活动,都是骨骼肌收缩完成的。因此,适宜的肌肉含量是维持基本身体活动的基本保障。对于体重偏轻人群,增加肌肉含量是增重的有效手段;对于超重/肥胖人群,增加肌肉含量有助于提高脂肪的燃烧效率。因此,无论对于体重偏轻人群,还是对于超重/肥胖人群,体重控制过程中适当增加骨骼肌含量都具有非常重要的健康促进作用,而运动是增加肌肉的最佳手段。BMI ≥ 25 的超重/肥胖人群应先减脂,后增肌,即以有氧训练为主,辅以肌肉力量训练;而 BMI < 25 的人群,则应以间歇性肌肉力量训练为主,有氧训练为辅。

一、运动增肌的训练原则

通过抗阻训练来增加肌肉体积，应遵循以下原则：

1. 大重量、低次数

1~5 RM 的负荷训练能使肌肉增粗，发展力量和速度；6~10 RM 的负荷训练能使肌肉粗大，力量速度提高，但耐力增长不明显；10~15 RM 的负荷训练肌纤维增粗不明显，但力量、速度、耐力均有长进；30 RM 的负荷训练肌肉内毛细血管增多，耐久力提高，但力量、速度提高不明显。可见，5~10 RM 的负荷重量适用于增大肌肉体积的健美训练。

2. 多组数

必须专门抽出 60~90 min 的时间集中锻炼某个部位，每个动作都做 8~10 组，才能充分刺激肌肉，同时肌肉需要的恢复时间越长。

3. 慢速度

慢慢地举起，慢慢地放下，对肌肉的刺激更深。特别是在放下哑铃时，要控制好速度，做退让性练习，能够充分刺激肌肉。很多人忽视了退让性练习，把哑铃举起来就算完成了任务，很快地放下，浪费了增大肌肉的大好时机。

4. 高密度

组间休息 1 min 或更少时间称为高密度。要使肌肉块迅速增大，就要少休息，频繁地刺激肌肉。"多组数"也是建立在"高密度"的基础上的。

5. 顶峰收缩

它要求当某个动作做到肌肉收缩最紧张的位置时，保持一下最紧张的状态（这样易练出肌肉线条），做静力性练习，然后慢慢回复到动作的开始位置。感觉肌肉最紧张时数 1~6 下，再放下来。

6. 组间放松

每做完一组动作都要伸展放松。这样能增加肌肉的血流量，有助于加快肌肉的恢复，迅速补充营养。

7. 多练大肌群，全身肌肉均衡发展

多练胸、背、腰臀、腿部的大肌群，通过大肌群的均衡训练，带动全身肌肉协调均衡发展，不仅能使身体强壮，还能够促进其他部位肌肉的生长。使用大重量的大型复合动作练习，如大重量的深蹲练习，它们能促进所有其他部位肌肉的生长。因此，在训练计划里要多安排硬拉、深蹲、卧推、推举、引体向上这 5 个经典复合动作。

8. 训练后进食蛋白质

在训练后的 30~90 min 里，蛋白质的需求达高峰期，此时补充蛋白质效果最佳。但不要训

练完马上吃东西，至少要隔 20 min。同时糖类的补充也很重要，摄入充足的糖类既能满足身体对能量的大量需求，同时也提高了蛋白质的利用效率，有利于肌肉蛋白质的合成。

9. 休息 48 h

局部肌肉训练一次后需要休息 48~72 h 才能进行第二次训练。如果进行高强度力量训练，则两次训练间隔 72 h 也不够，尤其是大肌肉块。不过腹肌例外，腹肌不同于其他肌群，必须经常对其进行刺激，每星期至少要练 4 次，每次约 15 min；选 3 个对你最有效的练习，只做 3 组，每组 20~25 次，均做到力竭；每组间隔时间要短，不能超过 1 min。

小肌肉群至少需要 48 h 恢复，大肌肉群则需要 72 h 恢复，若是高强度锻炼，恢复时间则要长一些。因此如果练得太勤，就会越练越瘦。

二、运动增肌的生化基础

（一）肌肉蛋白质合成增加

运动增肌的原因在于，在训练后足够的恢复时间内，在营养素和能量物质补充的帮助下，肌原纤维蛋白质大量合成，肌细胞体积增大；肌纤维周围结缔组织增厚，肌肉毛细血管网增生，整个肌肉变得更为发达。

肌肉对于力量训练最主要的反应就是蛋白质的合成速率增加（图 1.4）。例如，力量训练的负荷在体重的 50%，蛋白质合成速率在 4 h 内增加；负荷在 115%，蛋白质的合成速率在 24 h 内增加显著，36 h 后恢复到基本水平。

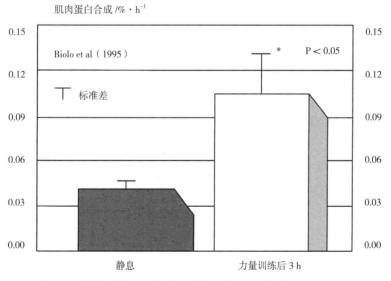

图 1.4　力量训练对蛋白质合成的影响（引自周瑾等，2006）

蛋白质是肌肉合成的重要原料，增加食物中蛋白质的含量，保持运动训练期间蛋白质与较大强度的力量训练相结合，增加肌肉瘦体重。

（二）通过增加身体肌肉量，促进脂肪能量代谢，增强身体机能的内分泌调节

人全身的骨骼肌约有 639 块，占体重的 40% 左右。人类约在 25 岁后，每 10 年将流失 2.5 kg 左右的肌肉。由于肌肉量的减少，人体的新陈代谢率也随着下降，约每 10 年降低 5%。研究显示，骨骼肌不仅是人体运动系统中的重要组成部分，而且还是重要的内分泌器官。例如，近期发现的具有促进白色脂肪转变为棕色脂肪，进而增加能量消耗的鸢尾素就是由骨骼肌分泌的。拥有良好的肌肉状态不仅对人们的日常生活很重要，对于维持人体的健康状况也具有重要影响。

因此，增肌运动在增加肌肉的同时还有助于促进骨骼肌内分泌功能的发挥。如图 1.5、图 1.6 所示，增加运动可以刺激骨骼肌分泌白细胞介素 -6（IL-6）、白细胞介素 -7（IL-7）、类胰岛素生长因子 -1（IGF-1）、鸢尾素等多种细胞因子，进而发挥其相应的调节作用。

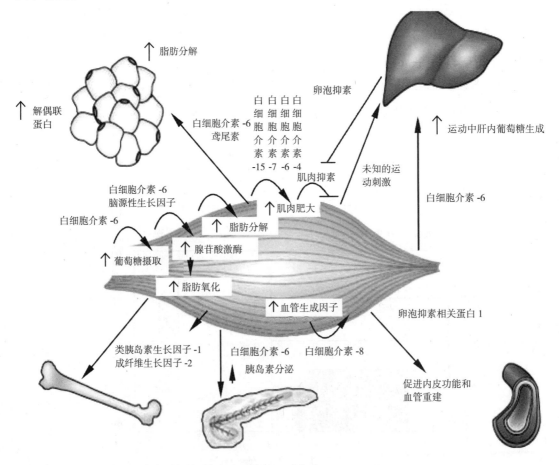

图 1.5　骨骼肌的内分泌功能（引自 Bente，2012）

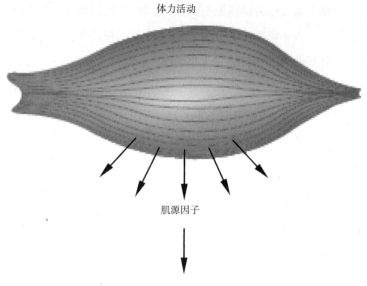

体力活动

肌源因子

↑ 肌肉肥大（肌肉抑素，白细胞介素 -4、6、7、15）

↑ 脂肪组织氧化（白细胞介素 -6，神经源性生长因子）

↑ 胰岛素敏感性（白细胞介素 -6）

↑ 骨生成（类胰岛素生长因子 -1，成纤维生长因子 -2）

↑ 抗炎症（白细胞介素 -6）

↑ 抗肿瘤防御（未确定的分泌因子）

↑ 棕色脂肪（鸢尾素）

降低慢性病发生风险和过早死亡

图 1.6　运动对骨骼肌内分泌功能的影响（引自 Bente，2012）

三、运动增肌过程中的营养补充

对于增肌运动而言，力量训练是关键，营养是保证。在运动增肌过程中营养补充的总原则是：高能量＋高蛋白＋低脂肪＋充足的维生素矿物质和水。

（一）补充足够的能量

增肌力量训练需消耗大量的能量，高热量饮食提高胰岛素和睾酮水平促进肌肉蛋白质合成，增加肌肉使新陈代谢速度增加，需要摄入更多的能量，训练期间，每日能量摄入不低于 50 kcal/kg 体重。总能量摄入中，糖：脂肪：蛋白质 =（60%~65%）：20%：（15%~20%），高强度大运动量训练期间为 40%：20%：40%。

糖类是大强度包括中等强度力量训练主要的供能物质,是以糖原的形式储在肝脏和肌肉中,称为肝糖原和肌糖原。当人体需要能量时,肝糖原便转化为葡萄糖并通过血液中循环提供能量。训练后糖类食物,消化吸收后先增加肝糖原和肌糖元的储存,为继续训练提供能源准备。力量训练主要依赖于肌糖原供能,因此体内低肌糖原水平会大大影响大强度训练包括抗阻力训练的运动能力。1 kg 体重摄入 0.7~1.4 g 糖类可明显刺激胰岛素的分泌,有利于肌肉细胞吸收葡萄糖和氨基酸,促进肌糖原和肌肉蛋白质的合成。富含糖类的食品主要有大米、谷类(谷类食品)食物、土豆、蔬菜和水果等。

(二)合理选择搭配蛋白质食物

我国营养学会推荐成人每天的蛋白质需要量为 80 g。膳食中不同蛋白质食物搭配,提高蛋白质利用率,全天蛋白质摄入量要保证每千克体重每天 1.6~1.8 g,过多无益有害;尽量选择低脂肪、低胆固醇的蛋白质食物来源,如瘦牛肉、肉松、鱼肉、兔肉、乳清蛋白、大豆蛋白等。增肌运动中,每个人应根据自身情况制订食谱,每日蛋白质进食量保持在 2 g/kg 体重左右。

(三)低脂肪

增肌运动过程中要限制脂肪摄入,目的是使皮下脂肪尽可能少,以便在肌肉收缩时使肌肉的线条和围度更加清晰。一般情况下,膳食脂肪能量占总能量摄入的 15%~20%。

(四)补充充足的维生素、矿物质和水

四、中老年人运动增肌的生物化学基础

中老年人健身活动中常常忽视力量训练,几乎全被慢跑、散步和太极拳等活动代替,哑铃和杠铃的力量锻炼甚至被视为禁忌。事实上力量训练对中老年人更加重要。力量是保障生活质量和完成工作任务的基础。肌肉在 30 岁以后即开始萎缩,并呈加快趋势,而针对性的力量锻炼可以延缓这一进程。

[案例展示]

2016 年 10 月 9 日中国新闻网报道:广州一名普通老人从 70 岁开始接触健身,他几乎每天都会去健身房锻炼至少一个小时,这一练就是 24 年。如今,94 岁高龄的他精神矍铄、身形健美,浑身都是肌肉。认识他的人都亲切地称他为"肌肉爷爷"。

（一）中老年人体肌肉量发生增龄性减少

人类机体随着年龄增大在很多方面会发生显著的改变。大多数人随着年老，身体的脂肪比例可能增加 30% 以上，而肌肉含量可能消退 35%~45%。研究发现，年过 20 岁的人，每 10 年就要流失 2.25~3.15 kg 肌肉。增龄性骨骼肌质量和力量的下降会增大摔倒、骨折的风险，危害老年人的健康。

（二）人体肌肉量发生增龄性减少的主要表现是快肌纤维减少

肌肉丢失的最直观解释就是肌肉蛋白合成与蛋白分解的失衡，即合成减少而分解增加或者相对增加。研究发现，随着年龄的增长，横纹肌型肌动蛋白变化最明显；肌球蛋白的变化主要表现在肌球蛋白重链异形体方面的转变，即 Ⅱ b 型向 Ⅱ a 型转变，进而向 Ⅰ 型转变。

（三）运动是增强骨骼肌结构和机能的关键因素以及延缓衰老的重要手段

力量训练可以减轻骨骼肌的氧化应激及脂质过氧化水平，纠正生长激素、雄激素、胰岛素样生长因子等激素及相关因子的代谢紊乱，提高蛋白质合成有关酶的活性，改善线粒体机能，进而延缓衰老性肌萎缩的发生。

（四）中老年人运动增肌的健康效应

1. 提高整体身体机能

由于骨骼肌是消耗脂肪的主要器官，通过力量训练增大肌肉体积后，使得机体的有氧代谢能力整体提高，进而更好地燃烧脂肪。有研究显示，在每日热量摄入增加 15% 的情况下，为期 3 个月的力量训练可减少近 2 kg 的脂肪。另有研究显示，在控制饮食的情况下进行自由力量练习可以有效改善肥胖老年人的心血管系统，降低安静心率、舒张压和收缩压，提高心脏泵血功能；改善心肺功能，增加肺活量。

2. 预防和减轻常见肌肉机能减退引起的问题

运动专家指出，做好臀部、大腿的力量锻炼，跑步时就不容易出现膝盖疼痛；做好背肌、肩部的力量锻炼，游泳时的肩痛就会得到控制；做好腰背肌肉的力量锻炼，就可以有效地预防运动锻炼中腰痛的出现。对于中老年人而言，肌力练习结合有氧锻炼有助于减缓或防止因年龄增长而引起的许多功能衰退病症。

3. 增强老年人抗跌到能力，提高生活质量

肌肉力量是身体依靠肌肉收缩克服和对抗阻力来完成运动的能力。人的一生中伴随肌肉丢失，肌肉绝对力量值可下降 30%~50%。肌肉丢失表现为肌肉力量的变化，其特点是：主动肌与拮抗肌之间的协调能力降低、快速肌力减低较慢速肌力减低明显、速度力量较肌肉

耐力降低明显等。而老年人动作迟缓、精细动作能力差等是这些特点的具体表现。美国运动医学院（ACSM）的专家指出：力量练习正是老年人（即使年龄很大或身体十分虚弱）必需的运动内容，因为这种运动不仅可以减缓肌肉的丢失，而且有助于提高肌肉的控制能力和稳定性，提高平衡能力，降低跌倒的风险。目前，力量训练在提高老年人生活质量方面的作用已得到公认。

（五）中老年人运动增肌的营养

1. 保持平衡膳食，按照老年人平衡膳食指南安排饮食

2. 适当补充优质蛋白质

近年来许多研究证实，抗阻训练结合蛋白补充可以有效地提高老年人肌肉质量。Yong 等的研究发现，6 个月的抗阻训练 + 乳清蛋白（最少 10 g，其中 5 g 必需氨基酸）摄入可以有效促进老年人肌肉蛋白合成代谢水平，使老年人肌肉质量得到明显提高。很多研究发现，老年人肌肉可训练性并不比年轻人差，而差别在于老年人训练后肌肉蛋白合成代谢反应比年轻人差。Drummond 等发现，老年人在抗阻训练之后，蛋白合成水平的提高比年轻人延误了 3~6 h，而这种合成代谢信号反应的减弱是短暂的，一定时间运动和增加蛋白质补充之后，他们肌肉合成代谢率的提高幅度可以达到年轻人的水平。

3. 补充多不饱和脂肪酸

有研究在老年被试进行抗阻力训练的同时给他们补充多不饱和脂肪酸 Omega-3，结果发现肌肉蛋白合成的磷酸化过程得到明显加强，合成代谢抵抗明显得到抑制。人体在从事剧烈运动之后，肌肉会产生炎性反应，老年人运动后的炎性反应远较年轻人剧烈，这被认为是老年人合成代谢反应迟缓的重要原因，进一步的研究发现，Omega-3 的主要作用就在于它的抗炎性反应。总之，抗阻训练结合蛋白补充是抑制老年人肌肉丢失和促进肌肉重建的可行之路。

值得注意的是，老年人进行力量练习，只是要从中得到一些健康的益处，而不是非要锻炼出健美高手那般雄壮的身躯。因此，对老年人而言，负荷太大、挑战太高的力量锻炼是没有必要的。我们推荐的锻炼主要内容还是慢跑、游泳、健步走等有氧锻炼（这些锻炼可以降低慢性病的风险）；然后加上腰背、下肢的力量锻炼（这些锻炼可以防止运动损伤和生活中的意外损伤）；再加一些平衡稳定练习（这可以有效防止意外跌倒）。

肌肉适能

美国运动医学学会（ACSM）将肌肉力量和肌肉耐力和做功能力统称为"肌肉适能"。肌肉力量是指肌肉用力的能力，即某块特殊肌肉或肌群所能承受的外力。肌肉耐力是指肌肉持续收缩的能力或重复收缩的次数。肌肉做功能力是肌肉单位时间内做功的情况（即功率）。传统的力量测试指肌肉少数几次重复用力（＜3次）以达到瞬间疲劳时测得的肌力，而多次（＜12次）重复用力以达到瞬间疲劳时测得的肌力为耐力测试。

肌肉力量和肌肉耐力是健康相关体适能的组成部分，能改善或维持下列情况：骨骼重量，与骨质疏松有关；糖耐量，与糖尿病前期及糖尿病有关；肌腱完整性，与运动损伤有关；完成日常活动能力，与生活质量有关；去脂体重和基础代谢率，与体重控制有关。

增肌运动应是在增加肌肉含量的同时增加肌肉力量、肌肉耐力和做功能力。因此，在评价运动增肌效果时，应进行肌肉力量、肌肉耐力和做功能力的测试。

小结 —

人们在控制体重的时候，要尽可能地以去除多余的脂肪为主，瘦体重则应尽量予以保持。抗阻运动可以通过促进蛋白质合成来增加肌肉含量，是保持瘦体重的有效手段。通过运动增加肌肉含量应遵循一定的训练原则，并通过适当的营养补充提高增肌效果。

探索与思考 —

1. 运动增加的健康促进作用是什么？为什么？
2. 请查阅资料，归纳总结不同人群在进行增肌运动时的注意事项。

本章小结 —

通过这一章知识内容的学习，我们初步了解了体重控制与人体的健康息息相关。人们在控制体重的时候，要尽可能地以去除多余的脂肪为主，瘦体重则应尽量予以保持。有氧运动是促进脂肪分解，增加能量消耗的有效手段。减体重方案应以大肌肉群参与的有氧运动为主，结合抗阻运动和柔韧性练习。为了长期控制体重，应该保证至少每天30 min 的中等至较大强度的运动，并逐渐增加至每周 250 min。

无论对于体重偏轻人群，还是对于超重/肥胖人群，体重控制过程中通过抗阻练习增加肌肉含量进而增加瘦体重，都具有非常重要的健康促进作用。

　　在运动控制体重的过程中，运动是关键，营养是保证。因此针对不同的健身目的，制订相应的运动方案及营养补充方案。

练习题

一、名词解释

　　1. 减脂

　　2. 减重

　　3. 增肌

　　4. 体重控制

　　5. 高强度间歇运动

二、填空题

　　1. 人类的肥胖可以分为＿＿＿＿＿＿＿＿和＿＿＿＿＿＿＿＿。其中＿＿＿＿＿＿＿＿＿＿的发生主要与能量摄入大于能量消耗有关。

　　2. 人体的日常能量消耗包括＿＿＿＿＿＿＿、＿＿＿＿＿＿＿和＿＿＿＿＿＿＿3部分。

　　3. 运动中可用来分解供能的脂肪主要来源于＿＿＿＿＿＿＿＿和＿＿＿＿＿＿＿。

　　4. 为了长期控制体重，应该保证至少每天＿＿＿min的中等至较大强度的运动，并逐渐增加至每周＿＿＿min。

　　5. 根据WHO的BMI划分标准，BMI＿＿＿＿＿＿＿为体重正常，BMI＿＿＿＿＿＿＿为超重，BMI＿＿＿＿＿＿＿为肥胖。

　　6. 以增加肌肉为目的的抗阻训练，应遵循的原则是＿＿＿＿＿、＿＿＿＿＿＿＿、＿＿＿＿＿＿＿、＿＿＿＿＿＿＿、＿＿＿＿＿＿＿、＿＿＿＿＿＿＿、＿＿＿＿＿＿＿、＿＿＿＿＿＿＿、＿＿＿＿＿＿＿和休息48 h。

　　7. 在运动增肌过程中营养补充的总原则是＿＿＿＿＿＿＿＿＿。

8. 在运动增肌过程中，总能量摄入中，糖、脂肪、蛋白质所占比例应为_____。

9. 高强度间歇运动分为_____和_____两类。

10. 高强度间歇运动在体重控制中的优势在于_____、
_____。

三、问答题

1. 试述肥胖发生的原因。

2. 试述肥胖判断的标准。

3. 试述运动减体重的基本方案。

4. 试述少年儿童和老年人在减体重期间的营养补充方案。

5. 试述超重/肥胖人群的运动增肌方案与体重正常人群的差别。

第二章
运动防治慢性代谢性疾病的生物化学基础

【学习任务】

缺乏体力活动是慢性病的主要危险。提高体力活动水平与合理营养相结合，对于防治和减轻慢性病是有效的，已成为世界各国预防慢性病和提高人民健康水平的重要举措。规律的运动能降低糖尿病的患病风险，并通过增加肌细胞膜葡萄糖载体转运，增加肌肉糖摄取对胰岛素的敏感性，提高血胰岛素和瘦素水平，降低下丘脑神经肽 Y 蛋白浓度和基因表达水平，改善糖尿病患者的食欲亢进和多食等症状。运动可以显著改善脂代谢，从而有效降低高血脂。通过运动增强心脏机能、运动改善血脂代谢、运动改善血管机能，起到治疗高血压的作用。体育锻炼是骨质疏松患者治疗的有效途径。通过本章的学习，应能够为相关人群提供科学合理的运动健身指导及营养膳食建议。

【学习目标】

1. 了解糖尿病、高血脂、高血压及骨质疏松等慢性代谢性疾病发生的生物化学基础。
2. 了解运动防治糖尿病、高血脂、高血压及骨质疏松等慢性代谢性疾病的生物化学原理。
3. 掌握糖尿病、高血脂、高血压及骨质疏松等慢性代谢性疾病病人的运动原则。
4. 掌握糖尿病、高血脂、高血压及骨质疏松等慢性代谢性疾病病人在运动中的注意事项。

绝大多数慢性病与体力活动不足及营养不合理有关，其中缺乏体力活动是慢性病的主要危险。提高体力活动水平与合理营养相结合，对于防治和减轻慢性病是有效的，且已成为世界各国预防慢性病和提高人民健康水平的重要举措。这一章主要介绍运动防治糖尿病、高血脂、高血压和骨质疏松的生物化学知识。

第一节　运动防治糖尿病的生物化学基础

糖尿病是胰岛素分泌减少或功能减弱引起的以空腹血糖水平升高（即高血糖）为特征的一组代谢性疾病。流行病学研究表明，参加体育锻炼的程度与糖尿病的发病率有关。Paffenbarger研究小组追踪调查了宾夕法尼亚大学的男毕业生，余暇时间每周运动消耗热量 500 kcal 时，可见 2 型糖尿病的发生率下降 6%。同样，对女性的调查显示，每周进行一次以上的运动，如散步、慢跑、骑自行车直至出汗的程度，2 型糖尿病的发病率明显减少。目前，运动已成为防治糖尿病的三大主要手段（饮食调整、规律运动和药物治疗）之一。

一、糖尿病发生的生物化学基础

（一）血糖

血糖是机体通过各种途径进入血液的葡萄糖，如图 2.1 所示。血糖有多个来源和多条去路，并受到严格控制，形成动态平衡，使血糖浓度保持稳定。当空腹血糖浓度低于 3.3 mmol/L（毫摩尔 / 升）时称为低血糖；而空腹血糖浓度超过 7.0 mmol/L 时称为高血糖。血糖超过肾糖阈 8.9~10.0 mmol/L 时则出现糖尿。现代医学认为糖尿病是由于血糖来源增多，去路减少，失去正常状态下的动态平衡，出现高血糖和糖尿。

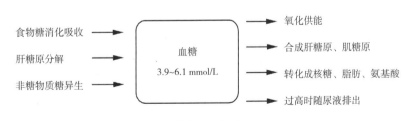

图 2.1　血糖的来源与去路

肝脏是血糖调节的主要器官。当血糖浓度过高时，肝糖原合成作用加强，促进血糖消耗；糖异生主要减弱，限制血糖补充，从而使血糖浓度降至正常水平。当血糖浓度低于正常水平时，肝糖原分解加强，糖异生作用加强，从而使血糖水平升高。肝脏对血糖浓度的调节是在神经和激素的控制下进行的。

胰岛 β 细胞分泌的胰岛素是唯一能降低血糖浓度的激素，而升高血糖的激素主要有胰岛 α 细胞分泌的胰高血糖素、肾上腺髓质分泌的肾上腺素、肾上腺皮质分泌的糖皮质激素、腺垂体分泌的生长激素和甲状腺分泌的甲状腺技术等。这些激素通过调节糖代谢的各主要途径维持血糖浓度，见表 2.1。

表 2.1　激素对血糖浓度的影响

激　素	作　用	效　　　应
胰岛素	降血糖	促进葡萄糖进入肌肉、脂肪组织细胞内进行代谢 诱导糖酵解关键酶的生成，促进糖的氧化分解 促进糖原合成 促进糖转化为脂肪 抑制糖原分解和糖异生的关键酶
胰高血糖素		促进肝糖原分解成葡萄糖 促进糖异生
肾上腺素		促进肝糖原分解成葡萄糖 促进糖异生 促进肌糖原酵解成乳酸
糖皮质激素	升血糖	促进脂肪动员，使血中的脂肪酸增加，从而抑制肌肉及脂肪组织对葡萄糖的摄取和利用 诱导肝细胞合成糖的异生作用的关键酶
生长激素		抗胰岛素作用
甲状腺素		促进小肠吸收单糖 促进肝糖原分解和糖异生 促进糖的氧化分解，试血糖降低

（引自《生物化学》，王继峰等，2007）

（二）糖尿病的主要代谢紊乱

糖尿病的症状可分为两大类：1 型糖尿病是因为分泌胰岛素的胰岛 β 细胞自身免疫损伤所致，多为先天性缺陷，基本特点是胰岛素绝对缺乏和酮症酸中毒高发；2 型糖尿病是由于骨骼肌、脂肪组织和肝脏胰岛素抵抗伴随胰岛素分泌缺陷所致，多为继发性的，基本特点是身体脂肪在躯干部位堆积过多。

糖尿病病人代谢异常主要表现在以下 4 个方面：①糖代谢紊乱——高血糖和糖尿；②脂类

代谢紊乱——高脂血症、酮症酸中毒；③体重减轻和生长迟缓；④微血管病变、神经病变等并发症。

1. 糖代谢紊乱

糖尿病时常见血糖升高，这是因为胰岛素/胰高血糖素比值降低，肝的糖酵解、糖原合成及生脂作用等途径不易启动，使血糖的去路受阻，而肝糖原分解和糖异生加强，血糖来源增加。1型糖尿病人由于胰岛素缺乏，许多组织不能摄取并利用葡萄糖，使血糖进一步上升。糖尿病病人空腹时出现高血糖，主要是因为糖异生作用增强。一般糖异生的速度主要依赖于胰岛素与胰高血糖素、皮质醇、儿茶酚胺等激素之间的平衡，其中胰高血糖素的作用最重要。有人认为糖尿病病人空腹高血糖有25%以上是由于胰高血糖素分泌过多引起，因此主张给病人生长素抑制胰高血糖素的分泌。由于胰岛素/胰高血糖素比值降低，血糖的去路受阻，而糖异生作用却不断进行，肝失去了缓冲血糖水平的能力，因此饱食时造成高血糖。病人体内蛋白质降解为糖异生提供了大量原料，进一步促进糖异生作用，结果是病人在饥饿状态下，血中葡萄糖浓度仍持续升高。

血糖过高可经肾脏排出，引起糖尿，并产生渗透性利尿。糖尿病病人在肾功能正常的情况下，血糖浓度一般不会超过28 mmol/L（500 mg/100 mL）。有些老年患者，不但血糖升高，同时伴有肾功能障碍，其血糖含量可极度升高超过33.6 mmol/L（> 600 mg/100 mL），使细胞外液的渗透压急剧上升，引起脑细胞脱水，出现高渗性高血糖昏迷。在糖尿病患者中，高渗性高血糖性昏迷的死亡率高于糖尿病酮症酸中毒。

2. 脂类代谢紊乱

糖尿病时，由于胰岛素/胰高血糖素比值降低，脂肪分解加速，使大量脂肪酸和甘油进入肝脏。过多的脂肪酸再酯化成甘油三酯，并以极低密度脂蛋白（VLDL）的形式释放入血，造成高VLDL血症（Ⅳ型高脂血症）。此外，脂蛋白脂肪酶（LPL）活性依赖胰岛素/胰高血糖素的高比值，糖尿病时此比值低，LPL活性降低，VLDL和乳糜微粒（CM）难以从血浆清除，因此除VLDL进一步升高外，还可以出现高CM血症。糖尿病人由于存在高脂血症，因此容易伴发动脉粥样硬化。

糖尿病病人血浆胆固醇常常升高，可能是由于生长素、肾上腺素、去甲肾上腺素增多，这些激素使胆固醇合成的限速酶 β-羟基-β-甲基戊二酸单酰辅酶A（HMG-CoA）还原酶增加，进而使胆固醇合成增加。

糖尿病时，肝合成甘油三酯的速度增加，如果合成的速度大于释放的速度时，则甘油三酯可以在肝内堆积，形成脂肪肝。

糖尿病时，脂类代谢紊乱除能发生高脂血症外，还会造成酮血症。胰岛素依赖型糖尿病（IDDM型糖尿病）人较非胰岛素依赖型糖尿病（NIDDM型糖尿病）容易发生酮症。这是因为胰岛素／胰高血糖素比值降低，脂肪酸合成明显减少，而脂肪组织的脂解速度却大大加速，血中脂肪酸升高，肝内脂肪酸氧化增强，酮体大量生成。当酮体生成量超过肝外组织氧化利用它的能力时，就发生酮体堆积，出现酮血症和酮尿症，严重时可发展为酮症酸中毒。

3. 体重减轻和生长迟缓

胰岛素是一种以促进合成代谢为主的储存激素。当胰岛素不足时，体内蛋白质和脂肪的合成均下降，而分解则加速，这是病人体重减轻的重要原因。另外，葡萄糖由肾排出造成的渗透性利尿，大量失水，使体重进一步减轻。病人同时还可伴有水、电解质和酸碱平衡失衡。

胰岛素和生长素对促进蛋白质合成具有协同作用，而且生长素促进合成代谢所需要的能量也依赖于胰岛素促进物质的氧化。缺乏胰岛素的糖尿病患者，即使体内生长素水平较高，仍可见到生长迟缓的现象。

4. 微血管、神经病变和白内障的发生

微血管病变是糖尿病人的严重并发病，其病变主要是肌肉和肾小球等组织的毛细血管基底膜增厚（膜上有大量糖蛋白沉着）以及视网膜血管异常。产生这种病变的原因还不清楚，多数人认为与生长素升高有关。因为糖尿病人血浆生长素水平的高低常与微血管病变有一致的关系，而且生长素介质有促进黏多糖合成的作用。由于高血糖时，许多蛋白质可发生糖基化作用，因此也有人提出，蛋白质的糖基化作用增强，可以促进糖尿病患者发生如冠心病、视网膜病变、肾病及神经病变等一系列并发症。蛋白质糖基化作用增强，是糖尿病患者血管损伤的原因。

糖尿病时，脑细胞中的葡萄糖含量随血糖浓度上升而增加。葡萄糖在脑细胞中经醛糖还原酶和山梨醇脱氢酶催化，转化为山梨醇和果糖。山梨醇和果糖不能被脑细胞利用，又不容易逸出脑细胞，从而造成脑细胞内高渗。当用胰岛素使血糖突然下降时，细胞外液水分可因脑细胞内高渗而向细胞内转移，使治疗中的糖尿病酮症酸中毒病人发生脑水肿。此外，山梨醇可使神经纤维内的渗透压升高，吸水而引起髓鞘损害，从而影响神经传导，出现糖尿病周围神经炎。同样，过高的葡萄糖进入晶状体后，形成的山梨醇和果糖不能再逸出晶状体，致使晶状体内晶体渗透压升高，水进入晶状体的纤维中导致纤维积水、液化而断裂。再加上代谢紊乱、晶状体中的 ATP 和还原型谷胱甘肽等化合物含量降低、α - 晶体蛋白的糖基化等，最终使晶状体肿胀，出现空泡，其中某些透明蛋白质变性、聚合或沉淀，导致白内障。

综上所述，糖尿病可引起体内一系列的代谢紊乱，临床上病人出现三多一少症状，即多尿、多饮、多食和体重减少。高血糖引起的高渗性利尿是多尿的根本原因；而多尿所致的脱水刺激机体产生口渴感又导致多饮；体内糖利用障碍，能量代谢紊乱所致的饥饿感使得病人多食；大量蛋白质和脂肪的分解及脱水使病人体重减轻。在 1 型糖尿病人群中，三多一少症状比较明显，重型病人更加突出。而在 2 型糖尿病病人中，往往没有这些典型的症状。

二、运动防治糖尿病的生物化学原理

大量研究表明，有规律的运动，特别是有氧运动，能降低糖尿病的患病风险。实现糖尿病防治的疗效与下列作用有关：它能增加肌细胞膜葡萄糖运载体4（glucose transporter 4，GLUT4）；增加肌肉糖摄取对胰岛素的敏感性；提高血胰岛素和瘦素水平，降低下丘脑神经肽Y蛋白浓度和基因表达水平，改善糖尿病患者的食欲亢进和多食等症状。

（一）运动改善糖代谢

运动可有效地消耗糖，如运动10 min就可以使肌肉组织从血液摄取的血糖量增加15倍（表2.2），因而可以有效地降低血糖。Coppack S W研究报道，8名2型糖尿病门诊病人参加了5个月被监控的个性化、递增抗阻力运动训练方案，每周两次。结果显示，运动组的糖化血红蛋白绝对值变化很小；但在对照组，血糖控制进一步恶化，结果两组间糖化血红蛋白有显著性差异和临床相关性。以上结果提示运动虽没有起到显著的降血糖作用，但可有效地控制血糖，避免糖尿病的进一步恶化。

表2.2 有氧运动治疗前后血糖水平比较

组　别		治疗前 / （mmol·L^{-1}）	治疗后 / （mmol·L^{-1}）
运动治疗组	空腹血糖	9.8 ± 1.7	8.5 ± 1.2
	餐后2 h血糖	11.7 ± 2.3	10.0 ± 1.5
对照组	空腹血糖	9.4 ± 1.8	9.1 ± 1.9
	餐后2 h血糖	11.2 ± 2.1	10.9 ± 1.9

（引自叶彤，1993）

（二）运动改善胰岛素抵抗

1. 胰岛素抵抗

胰岛素抵抗是指组织细胞对生理浓度的胰岛素的生物反应性不敏感或无反应。胰岛素抵抗不仅表现在外周组织摄取和利用糖障碍，而且还表现在肝糖原合成减弱、糖原分解增加。由于胰岛素具有比较广泛的生物作用，因此，在发生胰岛素抵抗时，除了葡萄糖代谢会发生改变外，脂质、蛋白质、水和电解质的代谢也会发生变化。糖尿病病人产生胰岛素抵抗主要是由于靶组织细胞膜上的胰岛素受体基因缺陷，使其亲和力下降。受体后缺陷或不正常的β-细胞产生异常胰岛素分子、血液循环中存在胰岛素的拮抗物等也降低胰岛素的作用，使机体处于胰岛素抵抗状态。近年来，发现2型糖尿病患者普遍存在胰岛素抵抗，其特点是：①胰岛素水平中度升高；②β细胞功能有不同程度的损害；③高胰岛素血症的程度与空腹血糖浓度无关；④葡萄糖的代谢速率明显下降，肝葡萄糖生成增加。

2. 运动对胰岛素抵抗的影响

研究发现，耐力运动员与不爱活动的人相比对胰岛素的敏感性升高。美国护理协会的一项追踪调查也表明，过去的奥林匹克选手退役后余暇时间依然保持运动习惯者，糖尿病发病率显著低于对照组人群。国内的一项研究表明，葡萄糖耐量异常者6年间糖尿病的发病率在单独饮食治疗组为43.8%，单独运动治疗组为41.1%，而饮食和运动同时进行组为46%，均显著低于对照组（67.7%）。这些研究均提示运动具有改善胰岛素抵抗的作用。

由于运动的持续时间、频率和强度的不同，观察的运动改善胰岛素抵抗的效果也不尽相同。有学者研究发现，每天训练30~40 min，每周4 d，以40%最大摄氧量运动能提高胰岛素敏感性大约3倍。Mayer-davis等认为参加低强度和大强度运动均能增高胰岛素敏感性。其他试验支持中等强度运动不能提高胰岛素敏感性。Seals DR报道中强度训练（步行3~4次/周，约30 min/次）后，紧接着大强度训练（慢跑30~45 min/d，3~4 d/周）在最后一次运动约14 h后测口服葡萄糖耐量试验（Oral Glucose Tolerance Test，OGTT），在低强度训练时发现胰岛素敏感性没有提高。相反，在大强度训练后，胰岛素水平下降，口服葡萄糖耐量试验水平下降约30%。他们证明了剧烈运动方案的功效。方案包括高水平训练，即以至少70%~80% VO_{2max} 强度每周跑25~35 km。这种训练对糖耐量的影响是惊人的，但不能被2型糖尿病患者接受，提示运动方案要想改善对高血糖控制的影响，就应当与低热量膳食相结合，否则运动方案就必须有大的强度。同时研究对象的不同，也可能对结果造成明显的差异，甚至在2型糖尿病患者间也是如此。例如，胰岛素缺乏的2型糖尿病人不会因训练而对糖负荷产生胰岛素分泌减少。受试者胰岛素抵抗程度的不同也可能是训练效果的不同原因之一。

三、糖尿病病人的运动处方

参与运动获得益处对于糖尿病病人来说很重要。通过规律的运动可以改善2型糖尿病病人和糖尿病前期人群的糖耐量，提高胰岛素敏感性，降低糖化血红蛋白；降低1型糖尿病病人和使用胰岛素的2型糖尿病病人的胰岛素需要量。此外，规律的运动还具有改善心血管疾病的危险因素（血脂、血压、体重）和身心状态的作用。

通常推荐给普通成年人的运动处方也适用于糖尿病病人，见表2.3。

表 2.3　糖尿病病人的运动处方推荐

频　率	每周 3~7 d
强度	40%~60%VO$_{2max}$，相当于主观疲劳的 11~13。要达到更好的血糖控制效果可能需要更高的强度（≥ 60% VO$_{2max}$）
持续时间	有氧运动每次至少 10 min，每周累计至少 150 min 的中等或较大强度运动，每周累计 300 min 或更多会获得更多的益处
方式	强调动员大肌群、有节奏的、持续性运动；具体运动方式因个人兴趣而定
进度	由于能量消耗最大化是最优先选择的目标，运动的累计时间应逐渐增加。随着人体体适能的提高，需要提高运动的强度和对抗厌倦情绪

四、糖尿病病人在运动中的注意事项

低血糖是参加运动的糖尿病病人面临的最严重的问题。运动会诱发急性血糖下降，即使在高血糖阶段也会导致病人出现颤抖、虚弱、异常出汗、手口麻木、饥饿等症状。更重要的是血糖的快速下降也可能不出现明显的症状，或者低血糖可能在运动后 12 h 才延迟出现。因此，对于糖尿病病人，在运动前和运动后要进行谨慎的血糖监测。

为了预防运动诱发的低血糖，运动时要考虑病人是否注射胰岛素和口服降糖药这两个因素。运动前应根据血糖水平和运动强度调整糖的摄入量或药物剂量。对于注射胰岛素的病人，改变胰岛素注射时间、降低胰岛素剂量和／或增加糖类的摄取量都是预防运动中和运动后低血糖的有效措施。

知识拓展

口服葡萄糖耐量试验

人体处理所得葡萄糖的能力称为糖耐量或耐糖现象，它是临床上检查糖代谢的常用方法。正常人体的糖代谢调节机制健全，即使一次性食入大量的糖，血糖浓度也只有暂时性升高，一般不会超过 7.0 mmol/L（毫摩尔／升），并且很快（约 2 h）可以恢复到正常水平，这是正常的耐糖现象。如果血糖浓度升高后回落缓慢，或血糖浓度无明显升高甚至不升高，均反映血糖调节存在障碍，称为耐糖现象失常。

口服葡萄糖耐量试验是了解机体对葡萄糖调节能力的常用方法。当空腹血糖浓度在 6~7 mmol/L 且怀疑是糖尿病时，此试验可以帮助明确诊断。如图 2.2 所示，在口服葡萄糖耐量试验中，正常人体耐糖曲线的特点是：空腹血糖浓度正常；进食葡萄糖后血糖浓度升高，在 1 h 内达到高峰，但不超过肾糖阈；而后血糖浓度迅速降低，在 2~3 h 内回落到正常水平。而胰岛素分泌不足的糖尿病患者的耐糖曲线是：空腹血糖浓度高于正常值；进食葡萄糖后血糖浓度急剧升高，并超过肾糖阈，2~3 h 内血糖不能回落到空腹水平。

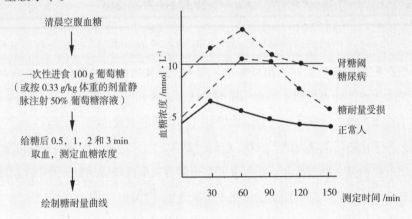

清晨空腹血糖
↓
一次性进食 100 g 葡萄糖
（或按 0.33 g/kg 体重的剂量静脉注射 50% 葡萄糖溶液）
↓
给糖后 0.5、1、2 和 3 min
取血，测定血糖浓度
↓
绘制糖耐量曲线

图 2.2　口服葡萄糖耐量试验及耐糖曲线

临床诊断糖尿病及糖尿病前期的标准见表 2.4。

表 2.4　糖尿病诊断标准

正　常	糖尿病前期	糖尿病
空腹血糖 < 100 mg/100 mL（5.55 mmol/L）	IFG = 空腹血糖 100 mg/100 mL（5.55 mmol/L）~125 mg/100 mL（6.94 mmol/L）IGT= 口服糖耐量试验（OGTT）2 h 血糖 140 mg/100 mL（7.77 mmol/L）~199 mg/100 mL（11.04 mmol/L）	有症状，并随机血糖≥200 mg/100 mL（11.10 mmol/L）空腹血糖≥126 mg/100 mL（6.99 mmol/L）口服糖耐量试验（OGTT）2 h 血糖≥200 mg/100 mL（11.10 mmol/L）

注：IFG，空腹血糖受损（至少空腹 8 h）；IGT，糖耐量受损；OGTT，口服糖耐量试验。
（引自《ACSM 运动测试与运动处方指南（第九版）》，王正珍等，2014）

第二节　运动防治高血脂的生物化学基础

血脂是血浆中的中性脂肪（甘油三酯和胆固醇）和类脂（磷脂、糖脂、固醇、类固醇）的总称。空腹 12~14 h 后血浆甘油三酯超过 2.26 mmol/L（200 mg/dl），胆固醇超过 6.21 mmol/L（240 mg/dl，成人）或 4.14 mmol/L（160 mg/dl，儿童）即被诊断为高血脂。正常人空腹血脂的组成和含量见表 2.5。随着生活水平的不断提高，人类高血脂（高脂血症）发病率呈上升趋势。高血脂是诱发冠心病、动脉粥样硬化、脂肪肝、糖尿病、肥胖症等的重要因素（图 2.3）。

表 2.5　正常人空腹血脂的组成和含量

脂　类	正常参考值		脂　类	正常参考值	
	$mmol \cdot L^{-1}$	$mg \cdot dl^{-1}$		$mmol \cdot L^{-1}$	$mg \cdot dl^{-1}$
总脂		400~700	总胆固醇	2.59~6.21	100~240
甘油三酯	0.11~1.69	10~150	胆固醇酯	1.81~5.17	70~200
游离脂肪酸		5~20	游离胆固醇	1.03~1.81	40~70
总磷脂	48.44~80.73	150~250			

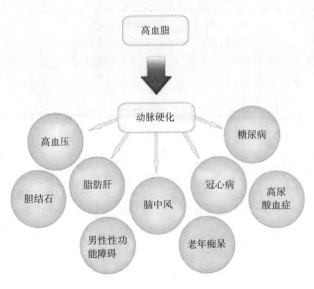

图 2.3　高血脂诱发的病症

一、高血脂发生的生物化学基础

脂类不溶于水，因此必须与蛋白质结合，以脂蛋白的形式才能在血液中转运。不同脂蛋白的形成场所不同，功能不同（表 2.6），代谢过程也不同。如图 2.4 所示，食物脂类被消化吸收后，在小肠黏膜细胞内形成新生乳糜微粒（CM），通过淋巴进入血液，从高密度脂蛋白（HDL）获得载脂蛋白 C 和载脂蛋白 E，形成成熟的 CM。在血液循环流过脂肪组织和心肌、骨骼肌、哺乳期的乳腺等组织时，成熟的 CM 和载脂蛋白 C-II 激活毛细管内皮细胞表面的脂蛋白脂酶。脂蛋白脂酶催化 CM 的甘油三酯水解成脂肪酸和甘油，脂肪酸被组织吸收利用。所致甘油三酯的不断水解，CM 逐渐变小，成为富含载脂蛋白 B-48、载脂蛋白 E 和胆固醇的 CM 残体。CM 残体流向肝脏，与肝细胞膜载脂蛋白 E 受体结合，被肝细胞摄取降解。

表 2.6　血浆脂蛋白的来源与功能

名　称	来　源	功　能
乳糜微粒（CM）	小肠	运输外源性甘油三酯
极低密度脂蛋白（VLDL）	肝	运输内源性甘油三酯
低密度脂蛋白（LDL）	CM 和 VLDL 降解	运动内源性甘油三酯和胆固醇脂，调节周围组织胆固醇的合成
高密度脂蛋白（HDL）	肝	通过载脂蛋白 A 和 C 活化脂蛋白脂酶和卵磷脂 - 胆固醇酰基转移酶，调节 CM 和 VLDL 甘油三酯的运输和胆固醇酯的代谢

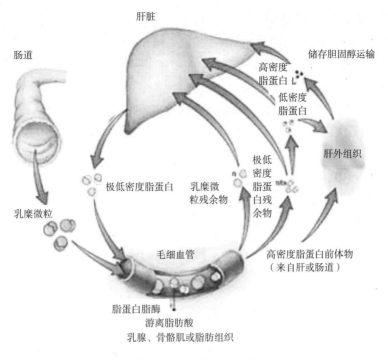

肝脏

肠道

储存胆固醇运输

高密度
脂蛋白

低密度
脂蛋白

肝外组织

极低
密度
脂蛋
白残
余物

极低密度脂蛋白　　乳糜微
　　　　　　　　粒残余物

乳糜微粒

毛细血管

高密度脂蛋白前体物
（来自肝或肠道）

脂蛋白脂酶
游离脂肪酸
乳腺、骨骼肌或脂肪组织

图 2.4　血浆脂蛋白代谢

人体内血脂的来源有两种途径，即内源性和外源性。内源性血脂是指在人体的肝脏、脂肪等组织细胞中合成的血脂成分；外源性血脂是指由食物中摄入的血脂成分。具体来说，内源性血脂是指通过人体自身分泌、合成的一类血清脂类物质。内源性血脂先经过肝脏、脂肪细胞，并与细胞结合后释放到血液中，便可成为供给人体新陈代谢和生命活动的能量来源。相对于内源性血脂而言，来自外界、不能由人体直接合成的血脂称为外源性血脂，这类血脂大多是人体从摄取的食物中吸收而来的。食物在经过胃肠道的消化和吸收后脂类物质进入血液，从而成为血脂。正常情况下，外源性血脂和内源性血脂相互制约，两者此消彼长，共同维持着人体的血脂代谢平衡。若是长期受到不良因素的影响，如高脂肪、高热量饮食等，则会造成血脂升高，诱发疾病。

二、运动改善血脂代谢的生物化学原理

脂代谢紊乱是指血脂和脂蛋白浓度异常。当低密度脂蛋白胆固醇或甘油三酯浓度增高，或高密度脂蛋白胆固醇浓度下降时，称为脂代谢紊乱。脂代谢紊乱是一种重要的、可改变的引起心血管疾病的原因。运动，无论是一次性运动还是长期运动都可能直接影响或有效调节血浆脂质和脂蛋白代谢，即降低血总胆固醇（TC）、甘油三酯（TG）、低密度脂蛋白胆固醇（LDL-C），增加高密度脂蛋白胆固醇（HDL-C）。中等强度的有氧运动在促进这些积极变化中作用更突出。

1. 运动对血浆甘油三酯的影响

运动对血浆 TG 的影响与运动量、强度及持续时间有关。大部分研究显示，运动后血清 TG 明显下降。运动时肌肉的脂肪动员加强，血中的游离脂肪酸水平由于不断向肌肉转运而降低，甘油三酯和脂蛋白进一步水解产生更多的 FFA，血浆 TG 水平下降，而肌肉由于储存的 TG 被消耗，促进内皮细胞中的脂蛋白脂肪酶合成，脂肪组织中 LPL 的活性和血浆 LPL 水平升高，使 TG 和富含 TG 的脂蛋白的代谢加速，导致血浆 TG 水平下降。同时也可以使血浆 LDL 水平下降。

2. 运动对 HDL 代谢的影响

目前，运动对 HDL-C 影响的研究日益趋向研究其亚组分（HDL2-C，HDL3-C）。流行病学调查显示，血浆中 HDL 水平的升高，特别是 HDL2 亚型的增多可有效地预防动脉粥样硬化。运动可引起 HDL2-C 水平升高，而对 HDL3 影响不大。运动引起的 HDL 代谢变化对调节脂代谢的有关酶活性可起积极的调节作用。

3. 运动对胆固醇代谢的影响

运动对胆固醇代谢的影响研究相对较少。一次急性运动对血浆总胆固醇水平影响的结果并不一致。长期运动对血浆 TC 水平影响的多数报道均未见到显著的变化，部分报道提出长期运动有降低胆固醇的效应，也有运动使 TC 上升的报道，认为这种上升并非对健康无益，关键看血清脂蛋白的构成，特别是 HDL-C 部分，如 TC/HDL-C 比例下降，则说明这种运动可有效地改善脂蛋白组成，防止粥样硬化的发展，减少冠脉危险因素。

三、改善脂代谢的运动处方

目前，运动强度、运动时间和运动频率对血脂影响的观点尚不统一。在运动量相同的前提下，中等强度的运动（60%VO$_{2max}$）足以提高血浆 HDL 含量，而高强度的运动（80%VO$_{2max}$）提高 HDL 的效果并不明显。因此，尽管在具体问题上仍存在不同的建议，大多数学者认为，为了降低血脂，采用中等强度、长时间的有氧运动是最合适的。

小结 —　　　　高血脂是诱发冠心病、动脉粥样硬化、脂肪肝、糖尿病、肥胖症等的重要因素。无论是一次性运动或是长期运动都可能直接影响或有效调节血浆脂质和脂蛋白代谢，其中中等强度、长时间的有氧运动的干预效果最佳。

探索与思考 —　　　1. 高血脂患者在运动中应注意什么？

　　　2. 通过进一步查阅资料，请您设计一个适用于高血脂患者的运动处方。

运动防治高血压的生物化学基础

高血压是最常见的心血管病，是全球范围内的重大公共卫生问题。高血压是一种以动脉血压持续升高为主要表现的慢性疾病，常引起心、脑、肾等重要器官的病变并出现相应的后果。由于部分高血压患者并无明显的临床症状，因此高血压被称为健康的"无形杀手"。

一、高血压发生的生物化学基础

高血压被定义为在安静状态下动脉收缩压和 / 或舒张压达到或超过 140 mmHg 和 90 mmHg，常伴有脂肪和糖代谢紊乱以及心、脑、肾和视网膜等改变的综合征。不同时间两次以上测量血压升高者，即可诊断为高血压。高血压可分为原发性和继发性两大类。其中原发性高血压占总高血压患者的 95 % 以上。高血压是引起冠心病的最重要危险因素之一。

按血压升高的程度将高血压分为临界高血压和 1, 2, 3 级，按器官的损害程度及其症状和体征分为Ⅰ期、Ⅱ期和Ⅲ期，见表 2.7 和表 2.8。

表 2.7　高血压水平分级

类　别	收缩压 /mmHg	舒张压 /mmHg
正常血压	90~139	60~89
高血压	≥ 140	≥ 90
1 级高血压（轻度）	140~159	90~99
2 级高血压（中度）	160~179	100~109
3 级高血压（重度）	≥ 180	≥ 110
单纯收缩期高血压	≥ 160	< 90

注：若收缩压与舒张压分属不同级别，则以较高的分级为准。（引自：2005 年中国高血压防治指南）

表 2.8　高血压的分期（按器官损害程度）及其症状和体征

依　据	Ⅰ，Ⅱ期高血压	Ⅲ期高血压
器官损害程度	无器质性改变 至少存在下列体征之一 左室肥厚（被证实）；视网膜动脉狭窄；蛋白尿和（或）血浆肌酐浓度轻度升高；隐性冠心病的客观证据	器官损害的症状和体征 心绞痛、心肌梗死、心力衰竭；短暂脑缺血发作、脑卒中、高血压性脑病；视网膜出血、渗出；血浆肌酐浓度大于 20 mg/L，肾功能衰竭

目前研究认为，高血压并非由单一因素引起，而是由彼此之间相互影响的多种因素造成。其中关系密切的有以下因素：

1. 遗传因素

原发性高血压是多基因遗传病，约75%的原发性高血压患者有家族史。

2. 饮食因素

进食肉食较多的人其发病率较高。盐的摄入量与高血压病的发生、发展有着密切关系。一般地说，盐的摄入量越多者，高血压病的患病率越高。我国的饮食特点除了含盐量高以外，还有低钾、低钙的倾向，这也会加重高钠对血压的不利影响。

3. 生理因素

不同年龄、性别、体重的人群高血压发病率有着明显不同。高血压病的发病率随年龄增加而升高。40岁以后，随着年龄的增长，发病率上升明显。同时，值得注意的是，幼年时期血压偏高者，随着年龄的增长而血压上升也较高、较快。高血压病的患病率、病情严重程度及发展速度等，男性远远高于女性。在高血压患者中，肥胖、超重者多见。根据研究，身高体重指数每增加1，发生高血压的危险性会剧增；而减轻体重血压往往会随着下降。

4. 生活方式因素

根据观察，吸烟者、饮酒者发生高血压病的危险性和严重程度都远高于忌烟酒者。因此，戒烟酒对于预防高血压病以及治疗均是十分重要的。

5. 其他

研究还发现，神经高度紧张及体力劳动剧烈的职业，或者置身的环境噪声大，也是导致高血压病的原因。

二、运动锻炼对高血压的影响

研究发现，运动可能会降低高血压和冠心病的发病率和死亡率。原因在于：

1. 运动增强心脏机能

运动中有力而加快的呼吸，使肺吸入更多的氧气供心脏及心血管利用，从而促进新陈代谢，加速冠状动脉和心肌病变的恢复。冠心病人坚持有氧代谢运动，可提高心脏的应变力，减少心源性猝死的机会。

2. 运动改善血脂代谢

坚持有氧代谢运动，还可使血液中高密度脂蛋白水平升高，而高密度脂蛋白有降低血中胆固醇水平的作用，它能把沉积在血管壁上胆固醇剥离并转运出去，从而减轻动脉粥样硬化，软化血管。

3.运动改善血管机能

长期坚持运动的高血压患者，通过全身肌肉运动，可使肌肉血管逐渐增大增粗，冠状动脉的侧支血管多，血流量增加，管腔增大，管壁弹性增强，这些改变均有利于血压下降。

4.运动还可以通过改变影响血压的另外两个环境因素（肥胖和精神因素）来降压

运动能减轻体重，体重指数偏高是血压升高的独立危险因素，肥胖者高血压患病率较体重正常者高2~3倍。通过体育锻炼使体重下降，从而可以使因肥胖引起的高血压得到缓解。健身运动还能加强神经系统的调节功能，从而使人精神振奋、心情愉快。紧张可引起血压上升，紧张过于持久或反复发作，可导致心血管系统的功能性及器质性病理损害。同时人们在运动中可以加强交往，协调人际关系，并且能为在工作中所产生的压抑、不满等消极情绪提供一个公开、合理的宣泄口。这些精神因素都有利于降低血压。也正是因为体育锻炼与血压的相关性，运动疗法应用于高血压患者的治疗已引起了人们的重视。

世界高血压联盟（WHL）通过多种方式收集了13.5万人在工作和闲暇时的体育活动情况，并有功率自行车测定运动量和评估健康状况，结果表明体育活动较多的人比活动较少的人的血压低。研究结果显示，采用散步、慢跑及太极拳运动，根据患者的病情制订了相应的运动处方进行治疗其疗效显著，有效率为94.4%，患者的血压下降明显（p<0.01），并且使患者的生活质量有所提高，适量的运动有助于高血压的治疗。有关专家认为：运动不仅可以使高血压患者的血压降低，而且有防治高血压的作用。对轻症患者甚至可以运动治疗为主，对于Ⅱ期以上的高血压患者则在配合临床药物治疗的同时进行运动康复，适当的运动治疗可以减少药物用量，降低药物不良反应，稳定血压。WHL建议医生们应当提倡高血压患者进行体育锻炼，给病人制订详细的运动疗法医嘱。

三、高血压患者运动的注意事项

运动是高血压和冠心病重要的非药物疗法之一，轻度高血压病人仅靠控制食盐和适量运动就能将血压控制在正常范围内。但是在运动过程中我们要注意运动的类型和强度。运动是否导致血压降低，运动强度是其决定因素。若从事中等强度以下的耐力性运动，一般可使收缩压下降20 mmHg，舒张压下降16 mmHg。当运动强度增加时将不会出现上述变化。强度过大或过度疲劳时还会使血压升高。同样，经常从事力量型练习可以降低高血压病人的血压，但应注意的是，力量训练可引起血压爆发式升高，因此，在进行力量训练时，应注意掌握低强度、多重复的原则，且在练习过程中不应憋气，以减少血压升高的可能性。此外，运动可使血管的口径出现适应性变化，减轻动脉粥样硬化。运动还可以改善情绪，减少血压波动幅度。

严重或血压未得到有效控制的高血压病人（即安静收缩压 ≥ 180 mmHg 和 / 或舒张压 ≥ 110 mmHg），只有经过医生评估并开出降压药后，才能进行运动。如果病人安静时收缩压 >200 mmHg 和 / 或舒张压 >110 mmHg，则不能进行运动。要谨慎地将运动中的血压维持在安静收缩压 ≤ 220 mmHg 和 / 或舒张压 ≤ 105 mmHg。中等强度的有氧运动（即 40%~60% 的 VO_{2max}）就可以使高血压病人获得最佳的益处。

四、高血压患者的运动营养

高血压患者体育锻炼期间的膳食营养安排应满足身体需要，达到平衡为准。具体原则如下：

1. 控制热量，降低体重，保持标准体重

控制体重要注意热量摄入，可根据锻炼强度而定，建议每千克体重供给 25~30 kcal 的热量或更低一些。

2. 热源物质合理供给

减少动物脂肪及胆固醇摄入。脂肪占总热量 25% 以下，多摄入不饱和脂肪，胆固醇小于 300 mg/d，对高血压的防治有积极意义。蛋黄、肥肉、动物内脏、鱼子及带鱼等高脂高胆固醇食物尽量少食，常吃新鲜水果、蔬菜。

适宜蛋白质的摄入，提供能耗占总能量的 10%~15%，应有 1/3 以上的蛋白质为优质蛋白质，如瘦肉、鱼、乳、蛋、豆制品等。血尿素升高者，应限制蛋白质摄入总量，以免肾脏负荷过重，血压升高。

减少高糖食物的摄入，防止暴饮暴食，勿过度饥饿等，以防进食后诱发胰岛素分泌增加而导致高血压。

3. 摄入钾、钙、镁丰富食物

低钾、低钙、低镁也是高血压发病因素之一。分析研究表明，新鲜食物含钾高，而人工食品一般含钾低，因此应多进食新鲜蔬菜和水果，少吃盐腌制品等。如在高钠饮食中加入钙，或多吃一些含钙的食物，那么血压会有所降低。多吃含镁的食物，如坚果、大豆、豌豆、谷物、海产品、深绿色蔬菜和牛奶，也可降低血压。

4. 饮食宜清淡

饮食清淡有利于降低血压。有利于治疗的食物有豆类、胡萝卜、芹菜、海带、紫菜、冬瓜、

丝瓜、白木耳、食用菌、花生、葵花子、芝麻、核桃、香蕉、柚子、苹果等。少食一些高脂肪、高胆固醇的食品，如蛋黄、奶油、猪肝、猪脑等。

5. 戒烟、限制饮酒

研究证明，尼古丁可迅速增加动脉血压。吸烟者的恶性高血压和蛛网膜下腔出血的发病率较高，吸烟者冠心病和猝死的危险性可增加1倍以上，吸烟还会降低某些降压药物的疗效。经常饮酒并使体内酒精含量超过一定浓度后可导致血压升高，因此提倡戒烟和限制饮酒（每日饮酒最多不可超过 50 mL）。

6. 低盐饮食

外国医学机构研究认为：人们日常食物中，钠的摄入量已足够维系人体对钠的需要。食盐只应作为一种调味品，而国人每日平均摄入盐量超过了 16 g，这可能是国内高血压患者较多的原因之一。但仅降低盐类摄入量是不够的，应从饮食中把盐类完全除去。仔细阅读食品包装说明，避免含有"盐""苏打""钠"或带有"钠"标志的食品。而对于无高血压的人，食盐摄取量应限制在 5 g 以内，这是比较安全的。

小结 ——　高血压是最常见的心血管病。运动是非药物防治高血压和冠心病的重要手段之一。运动强度是其决定运动防治高血压效果的关键因素。运动强度过大或过度疲劳均不利于血压的改善。中等强度的有氧运动（即 40%~60% 的 VO_{2max}）就可使高血压病人获得最佳的益处。

探索与思考 ——　1.高血压患者在运动中应注意什么？

　2.通过进一步查阅资料，请你设计一个适用于高血压患者的运动处方。

运动防治骨质疏松的生物化学基础

骨质疏松是绝经后妇女和老年人最常见的骨代谢疾病，是威胁人类健康和生活质量的一种严重疾病。患者病情隐匿，患者骨量不知不觉丢失。由于骨的脆性增加、骨强度降低，骨折的危险度随之增加，通过骨折病变来影响生活质量。因此采取积极的预防措施，对控制骨质疏松的发生和发展具有重要作用。

一、骨质疏松发生的生物化学基础

骨质疏松是多种原因引起的一种骨病，骨组织内钙盐与基质成正常比例，以全身骨组织量减少、骨的微观结构退化为特征的代谢性骨病变。发生过脆性骨折或骨密度监测（BMD）计量达到诊断标准者即可诊断为骨质疏松。

骨质疏松症可在生命的任何阶段发生，一般分为两类：与生理老化密切相关的原发性骨质疏松，如老年性骨质疏松、绝经后骨质疏松等；由某些致病因素导致的继发性骨质疏松，如甲亢性骨质疏松、糖尿病性骨质疏松等。骨质疏松症的具体病因尚未完全明确，药物、饮食、种族、性别以及生活方式都有一定影响。一般认为主要与以下因素有关：

1. 营养因素

已经发现青少年时钙的摄入与成年时的骨量峰直接相关。钙的缺乏导致甲状旁腺素（PTH）分泌和骨吸收增加，低钙饮食者易发生骨质疏松。维生素 D 的缺乏导致钙的吸收率下降，骨基质骨化受损，可出现骨质软化症。长期蛋白质缺乏造成骨基质蛋白合成不足，导致新骨生成落后，如同时有钙缺乏，骨质疏松则加快出现。维生素 C 能保持骨基质的正常生长和维持骨细胞产生足量的碱性磷酸酶，如缺乏维生素 C 则可使骨基质合成减少。

2. 内分泌因素

骨质疏松症在绝经后妇女特别多见，卵巢早衰则使骨质疏松提前出现，提示雌激素减少是发生骨质疏松的重要因素。老年男性睾酮水平下降引起的蛋白质合成减弱以及成骨细胞功能减退，骨质形成减少等造成骨质疏松。还有研究发现，老年人的骨质疏松和甲状旁腺功能亢进有关，甲状旁腺素水平的升高可能是老年人群易患骨质疏松的原因之一。其他内分泌失调性疾病，例如库欣综合征（Cushing 综合征）产生过多的内源性糖皮质激素，导致骨的吸收或排泄增加，这些都与骨质疏松症形成有关。

3. 废用因素

肌肉对骨组织产生机械力的影响，肌肉发达骨骼强壮，则骨密度值高。静坐少动的人骨钙丢失量多于锻炼者。老年人由于肌肉强度的减弱和协调障碍较易摔跤，伴有骨量减少时则易发生骨折。老年人患有脑卒中等疾病后长期卧床不活动，因废用因素导致骨量丢失，容易出现骨质疏松。

4. 遗传因素

骨密度为诊断骨质疏松症的重要指标，骨密度值主要决定于遗传因素，其次受环境因素的影响。

5. 其他因素

酗酒对骨有直接毒性作用。吸烟能增加肝脏对雌激素的代谢以及对骨的直接作用，另外还能造成体重下降并致提前绝经。长期的大强度运动可导致特发性骨质疏松症。某些药物可抑制骨更新或钙吸收，如抗癌药物、抗惊厥药等。

二、运动防治骨质疏松的生物化学原理

世界卫生组织就提出预防骨质疏松的三大原则：补钙、运动疗法和饮食。在实际应用中，更多的人关注在补钙和饮食上，忽略了运动疗法在预防骨质疏松上的重要作用。适当的体育锻炼可使骨量丢失减缓，是骨质疏松患者治疗的有效途径。运动防治骨质疏松的功效在于它对骨的应力效应和对神经肌肉代谢的良好影响等。具体表现在：

1. 运动的应力效应

运动产生的肌肉张力和机械应力作用于骨骼，刺激成骨细胞生成，促进骨形成和重建，以维持骨量或增加骨密度，并使骨的弹性增加，抗弯曲、抗挤压和抗扭转的能力增强。研究已证明，在绝经后的妇女和老年人中，运动在一定程度上弥补了骨量的大量丢失，从而起到了维持骨质水平的作用。

2. 运动的内分泌效应

运动能够通过调节内分泌功能来促进骨形成，并可增加睾酮和雌激素的分泌，促进骨的蛋白质合成，使骨基质总量增加，即有利于骨的钙化。尤其是睾酮和雌二醇，可促进骨骼的生长、发育，使骨皮质增厚和骨密度增高。

3. 运动的补钙效应

运动可提高需钙阈值，促进钙的吸收。运动在增加骨质的同时，也增加对钙的需求量，即提高了需钙阈值。相反，当长期不运动如卧床或肢体固定时，骨堆钙的需求量少，大量的钙从尿中排出，从而降低了骨密度。在进行室外活动时，可接受充足的阳光照射，使维生素 D 含量增加，从而促进钙的吸收。适当运动，可改善骨组织的血液供给，从而促进了钙的吸收。

4. 运动的肌力效应

运动增强肌力量的同时，也增加了骨质的水平。Frost 认为，在骨质疏松发病机制中，神经系统调控下的肌质量（包括肌质量和肌力）是决定骨强度（包括骨量和骨结构）的重要因素。研究发现，人体内肌力对应骨量是一个大致不变的比例关系，女性中与年龄相关的骨丢失往往会伴随着相应的肌力下降。因运动可使肌的体积增大、肌力增强，所以运动在增加肌力的同时，也维持或增加了相应的骨量。

在年龄较大的人群中，运动对骨量的影响却不明显。虽然运动对改变老人的骨量作用不明显，但长期的运动可增加老人肌肉的力量和弹性，维持身体的平衡性和协调性，减轻、减少或避免摔跌，从而减少骨质疏松性骨折的发生。

三、骨质疏松患者的运动处方

目前还没有建立骨质疏松病人的运动禁忌指南。一般会给出不引起或加重疼痛的中等强度的运动处方。应避免爆发性和高冲击性运动，还应避免扭曲、弯曲和挤压脊柱的运动。

有骨质疏松风险的人每周应进行 3~5 d 的负重有氧运动和 2~3 d 的抗阻运动，以保持骨骼健康。其中有氧运动的强度为中等强度（40%~60%VO_{2max}）到较大强度（≥ 60%VO_{2max}）；抗阻运动可根据骨骼的承受能力，从中等强度（60%~80%1RM、8~12 次重复训练）增加到较大强度（80%~90%1RM、5~6 次重复训练）。每天 30~60 min，承受体重的有氧运动和抗阻运动相结合。承受体重的有氧运动包括网球、爬楼梯、步行等。有骨质疏松症的人进行中等强度的有氧和抗阻运动即可。

四、骨质疏松患者的运动营养

骨质疏松患者体育锻炼期间的膳食营养安排应满足身体需要，达到平衡为准。具体原则如下：

1. 供给充足的蛋白质

蛋白质是组成骨基质的原料，可增加钙的吸收和储存，对防止和延缓骨质疏松有利。如奶中的乳白蛋白，骨头里的骨白蛋白，核桃中的核白蛋白，蛋类的白蛋白，都含有弹性蛋白和胶原蛋白，维生素 C 对胶原合成有利，故中老年人应有充足的蛋白质与维生素。注意不应摄入过多的动物性蛋白，会使体液酸化，增加钙的排泄。

2. 多食用含钙、磷丰富的食品

除饮食补充外，可适当补充钙剂，但要注意钙的结合形式，如碳酸钙吸收较差，乳酸钙的含量很低。只有膳食中的钙与蛋白质结合后，才能充分地被机体所利用，因此提倡

膳食中补钙。适当摄入磷保证每天 1~1.5 g 磷的摄入，但不能过高。钙磷比例以 1.5~2 ： 1 为宜。保证钙的充足摄入，保证每日 800~1 000 mg 钙的供应，更年期后的妇女和老年人，保证每日 1 000~1 500 mg 钙的供应。含钙、磷高的食物有牛奶、鱼类、虾蟹、青菜、乳制品等。

3.补充维生素 D

注意补充维生素 D、适当增加日光浴，可增强钙的吸收能力；同时可增加富含维生素 D 的膳食。含维生素 D 的食物有沙丁鱼、鳜鱼、青鱼、牛奶、鸡蛋等，也可以加用适量的鱼肝油，但注意不能过量摄入。

4.生活禁忌

限制饮酒、戒烟，少喝咖啡、浓茶、碳酸饮料，避免对钙磷吸收的影响。

5.注意烹调方法

烹调方法也相当重要，一些蔬菜如菠菜、苋菜等，含有较多的草酸，影响钙的吸收。如果将这些菜在沸水中焯一下，滤去水再烹调，可减少部分草酸。再则谷类中含植酸酶，可分解植酸盐释放出游离钙和磷，增加利用率。

小结 — 骨质疏松是绝经后妇女和老年人最常见的骨代谢疾病。预防骨质疏松的三大原则：补钙、运动疗法和饮食。有骨质疏松风险的人每天应进行 30 min 中等强度的运动，运动方式以负重有氧运动与抗阻运动相结合。同时，注意运动中的营养补充。

探索与思考 — 1.骨质疏松患者在运动中应注意什么？

2.通过进一步查阅资料，请您设计一个适用于骨质疏松患者的运动处方。

本章小结 — 糖尿病、高血脂、高血压和骨质疏松都是发病率较高的慢性代谢性疾病，研究指出这些疾病的发生均与体力活动不足有关。通过本章内容的学习，我们了解了糖尿病、高血脂、高血压及骨质疏松等慢性代谢性疾病的发生均具有复杂的生物化学基础；适宜的运动可以改善糖、脂代谢,调节血压,促进骨骼生长,进而达到防治糖尿病、高血脂、高血压及骨质疏松等慢性代谢性疾病的目的。慢性代谢性疾病病人在进行运动锻炼时,应根据个人健康状况,选择适宜的运动强度。慢性代谢性疾病患者可以通过中等强度有氧运动获得较高的健康效益。

练习题

一、名词解释

1. 糖尿病

2. 低血糖

3. 胰岛素抵抗

4. 高血脂

5. 高血压

二、填空题

1. 糖尿病存在两种不同的类型,包括_____、_____。

2. 血糖的来源包括_____、_____和_____。血糖浓度高于_____时称为高血糖。

3. 调节血糖水平的激素有降血糖的_____和升高血糖的_____、_____、_____和_____等。

4. 糖尿病病人代谢异常主要表现在_____、_____、_____和_____。

5. _____是糖尿病病人参加运动时面临的最严重的问题。

6. 人体内血脂的来源包括_____和_____两条途径,这两条途径相互作用,维持人体血脂代谢平衡。

7. 高血压是由_____、_____、_____和_____等因素引发。

8. 高血压病人安静时收缩压_____和/或舒张压_____则不能进行运动;运动中应将血压维持在收缩压_____和/或舒张压_____。

9. 骨质疏松患者在运动时膳食营养应注意_____、_____、

_____、_____和_____。

三、问答题

　　1. 试述运动防治糖尿病的生物化学原理。

　　2. 试述运动防治高血脂的生物化学原理。

　　3. 试述运动防治高血压的生物化学原理。

　　4. 试述运动防治骨质疏松的生物化学原理。

　　5. 慢性代谢性疾病患者如何开展健身运动？为什么？

第二篇

竞技运动训练的生物化学基础

在本篇第三章，你将初步概要地了解运动中肌肉内能量生成供应肌肉收缩需要的 3 个能量生成系统，它们具有不同的能量供应速率特点和维持肌肉运动的时间特点，和肌肉运动产生的力量和速度密切相关。那么，你能列举出多少具体的运动方式并将其能量供应特点与能量供应系统相对应呢？通过第四章的学习可以了解到，力量和速度训练中人体主要做功肌肉的能量来源以无氧供能为主，耐力训练中以有氧供能为主。这些理论成为很多重要的专项训练和体能训练手段方法的理论基础，也是运动疲劳、训练的生化监控和运动营养生化原理的理论基础。在学习中，你需要通过多样化形式内容的学习，并紧密结合运动实践的感性认识，积极探索和应用这些理论知识，提高训练的科学化程度，综合认识和处理相关的运动疲劳、训练监控和营养安排。

第三章
竞技运动的能量和物质代谢基础

【学习任务】

人体在运动中，特别在竞技体育运动中，肌肉收缩需要的能量供应，需要分别在肌肉内通过生成能量的 3 个途径的生化过程来生成能量，分别为磷酸原系统、糖酵解系统和有氧氧化系统，分别与不同的运动强度直接相关，并在运动和长期训练中产生适应性调节了解运动训练实践中，肌肉能量供应方式具有连续性并与训练强度的关系；运动中伴随肌肉内的能量消耗，能量物质释放能量的一部分能量（约 1/3）转化为肌肉的机械功，其余部分以热量形式释放，并随血液循环从运动肌肉到达身体其余部分，造成体温升高，运动中人体通过水盐代谢及其调节保持血液水分和体温相对稳定。

【学习目标】

1. 掌握运动中物质代谢和能量代谢的基本概念。
2. 理解磷酸原供能系统的基本过程。
3. 理解糖酵解供能系统的基本过程。
4. 理解糖、脂肪有氧供能系统的基本过程。
5. 理解常见运动项目中能量供应的特点。
6. 掌握运动中水盐代谢与体温调节的关系。

人体在运动中，特别是竞技体育运动中，肌肉大量消耗能量用于产生力量，进而带动人体各个环节产生运动。人体整体和各个环节运动中的速度不同，运动时间不同，对肌肉力量的要求差别很大，因而对能量的需求速率和需要量相差很大。肌肉直接利用的能量物质是三磷酸腺苷（ATP），由能量物质（主要是磷酸肌酸、糖、脂肪和氨基酸）通过代谢转化生成 ATP（图 3.1）。在人体肌肉内，存在 3 种不同类型的能量生成方式，分别利用不同的能量物质，用于分别满足相应的对肌肉力量的不同要求和总能量消耗需求，分别称为磷酸原（PCr）供能系统，糖酵解供能系统（前两者合称无氧代谢系统），糖、脂肪有氧代谢系统（图 3.2）。

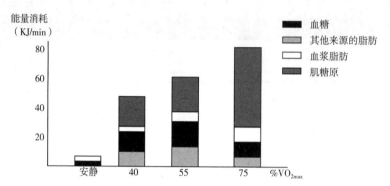

图 3.1　不同强度负荷 30 min 运动时动用能量物质的分布
（引自谢敏豪等，《运动生物化学》，2008）

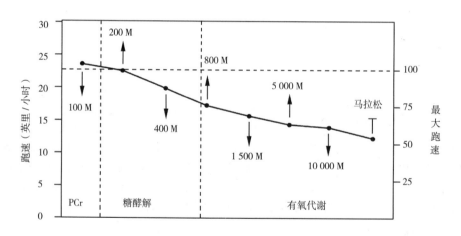

图 3.2　不同速度跑主要的供能系统
（引自 Don Maclaren，2012）

[想一想]

图 3.1 和图 3.2 分别表示了在不同运动强度下运动中能量的不同物质来源和不同能量的生成途径，说明了能量代谢是运动强度的决定因素，那么我们在学习中如何把具体的理论和运动相联系呢？

第一节 磷酸原供能代谢系统基本过程

磷酸原是三磷酸腺苷（ATP）和磷酸肌酸（CP）的合称，是骨骼肌内重要的高能化合物。通过 ATP 和 CP 供应能量的代谢过程，称为磷酸原代谢供能系统，包括 ATP，CP 的分解与合成。ATP 释放的能量可以直接被肌肉利用于肌肉收缩，也是所有生命活动中能量的直接来源，称为能量"通用货币"，CP 和其他能量物质都要转化为 ATP 才能被肌肉利用。

一、ATP 的作用和代谢

（一）ATP 的化学结构

如图 3.3 所示为 ATP 的分子结构式，可以分解高能磷酸键释放能量，生成二磷酸腺苷（ADP）和一磷酸腺苷（AMP），同时，ADP 可以接受其他能量物质（糖、脂肪、氨基酸等）分解产生的能量重新合成 ATP，反应式为

$$ATP + H_2O \rightleftharpoons ADP + P_i + 能量$$

在肌肉收缩（ATP 分解）和松弛（ADP 再磷酸化合成 ATP）循环中，维持肌肉持续收缩需要的能量。

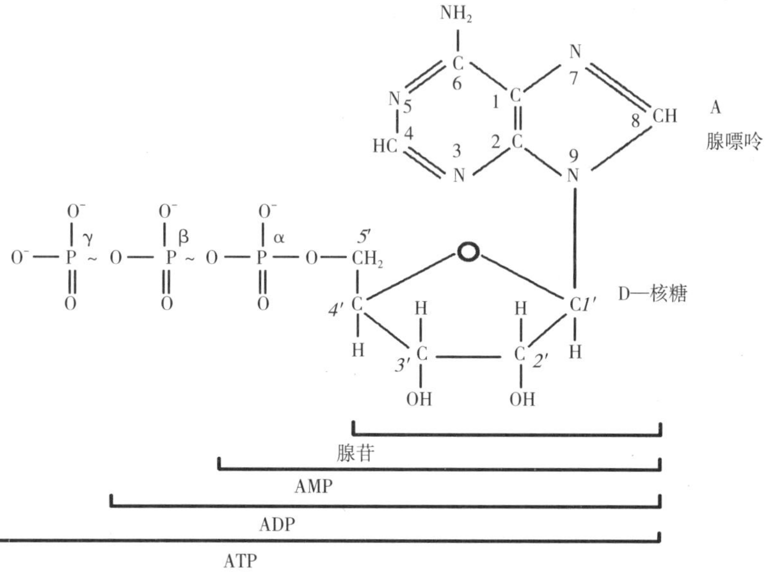

图 3.3　ATP 的分子结构

（二）ATP 的作用和代谢

① ATP 是肌肉收缩中直接的供能物质。ATP 在肌肉中的储备量极少，是运动中的直接供能物质，但不是运动中的主要供能储备物质，其他供能储备物质转化为 ATP 才能被肌肉利用，有关知识在后面讲述的内容中。

② ADP 再转化为 ATP 的速率很快。ATP 分解后随即可以重新合成，运动中肌肉内 ATP 含量基本稳定。

③骨骼肌细胞内 pH 值下降（酸性增加）降低肌肉对 ATP 的利用率。

二、CP 的作用和代谢

（一）CP 的化学结构

如图 3.4 所示是磷酸肌酸（缩写为 CP 或 PCr）的化学结构式，包括两个组成部分：一部分称为肌酸；另一部分称为磷酸。两部分之间通过高能的氮磷键连接。CP 分解时这一高能化学键中的能量释放出来，用于 ATP 的合成。

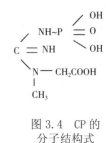

图 3.4　CP 的
分子结构式

（二）CP 的作用和代谢

1. 分解释放能量，用于快速再合成 ATP

这一反应由肌细胞浆内活性很高的肌酸激酶催化完成，因此可以在运动中快速供能，是肌肉大力量高强度运动的主要能量来源。

$$CP+ADP \xrightleftharpoons{\text{肌酸激酶（CK）}} ATP+C$$

2. 肌肉细胞内的能量储备物质

①短时间大强度运动中主要的供能物质。在肌肉最大强度运动中，磷酸肌酸供能可以维持 5~7 s，特点是快速将能量转移生成 ATP，使肌肉输出功率大，但维持时间短。因此，磷酸原供能系统与速度、力量素质关系密切，影响短时间极量运动的运动能力。例如举重中拉起和举起杠铃，拳击中的快速出拳，短跑起跑后的快速加速跑等。

②运动训练影响肌肉内磷酸肌酸的储备量。CP 是肌肉收缩的主要能量来源之一，肌肉内 CP 含量下降与运动强度成正比，在极量强度运动至力竭时，CP 储备量几乎耗尽，为安静状态下 3% 以下。例如短跑的 100 m 跑和更短距离的连续最大速度冲刺跑。运动后肌肉内的 CP 含量可以迅速恢复，约 30 s 可以恢复至运动前含量的一半，2 min 左右可以恢复至运动前含量水平。

③口服肌酸结合训练，可以增加肌肉细胞内磷酸肌酸和肌酸的储备量。一周左右口服肌

酸并与训练结合，在最大强度的训练中CP大量消耗，在运动后的恢复中，CP含量可以增加20%~30%，同时肌肉内肌酸的含量也可以增加15%~25%。通过这种方式在肌肉中增加的肌酸和磷酸肌酸含量，可以维持约3周。

3.肌酸和磷酸肌酸在细胞内起能量转运作用

存在于肌肉细胞浆内的ATP和CP可以快速为肌纤维收缩和各种耗能的生命活动提供能量，但是人体最大量的能量来源于线粒体内糖、脂肪酸和氨基酸氧化分解生成的ATP，线粒体是细胞内的能量"工厂"，线粒体内生成的ATP不能直接透出线粒体，需要通过肌酸转换为磷酸肌酸转运出来，再合成ATP。因此，在运动中，线粒体内生成的ATP用于肌肉收缩，需要通过肌酸和磷酸肌酸的中转转换。

知识拓展

口服肌酸对人体运动能力的影响

一、口服肌酸对运动性疲劳的影响

由于口服肌酸能提高体内肌酸和磷酸肌酸水平，使运动时能有更多的能量合成ATP，延缓了运动性疲劳的发生。补充肌酸能从以下几个方面延缓肌肉疲劳：

①增加合成CP的能力，肌细胞内高浓度的CP有助于肌肉收缩持续进行。

②增加CP的再合成，恢复过程中肌细胞内高水平游离肌酸，使更多的CP得以再合成。

③减少肌肉内的酸度。磷酸肌酸在肌肉中充当代谢缓冲剂，由ADP合成ATP时要消耗H^+，故能够提高肌肉的缓冲水平，增加大强度练习的运动时间。

④增加恢复期有氧代谢的能力。在锻炼过程中，肌酸能增加肌肉内蛋白质合成能力，耐力运动员在训练期间服用适量的肌酸，会更有利于身体机能的恢复。

⑤提高训练水平，增加肌酸或磷酸肌酸能使运动员适应更大的运动负荷，提高间歇性冲刺能力，这对于要求较高绝对力量的运动项目如摔跤、拳击等以及反复最大速度的运动项目，如手球、足球、橄榄球等是有利的。

二、口服肌酸的副作用和减轻口服肌酸副作用的几种方法

合理的口服肌酸可以明显提高骨骼肌的自由肌酸的浓度，从而增加 CP 的浓度，可提高肌肉短时间激烈运动的力量或速度。但如果口服不合理，则会发生下列的副作用：

①口服肌酸可以抑制体内肌酸的合成。因此，口服肌酸要注意：a.服用的量和时间，不能整个训练期中都用；b.服用肌酸的计划要和力量或速度等训练内容及增加有关营养相配合。

②增加体重。当每天口服肌酸 20 g，5 d 后可使体重增加 1.3 kg。这对于控体重或降体重的运动员应注意。

③肌肉酸胀感。肌肉吸收肌酸的同时还要吸收水分，口服肌酸者前 5 d，尿量在前 3 d 左右明显减少，这是水在骨骼肌中潴留的结果。这将使肌肉体积增大，而造成酸胀感，也使体重增加。减轻上述谈及的副作用，目前认为可采用的方法有：

a.与含糖饮料同时服用：饮用含糖饮料后可以刺激胰岛素的分泌，增加血胰岛素浓度，胰岛素可以促进肌肉从血液中吸收肌酸。

b.增加维生素 E：维生素 E 缺乏时，骨骼肌中吸收肌酸减少，在口服肌酸时应增加维生素 E。

c.增加优质蛋白质和氨基酸等。在口服肌酸期间要注意增加蛋白质的补充，如补充卵清蛋白或氨基酸等。因肌酸在肌肉细胞内增加时，会加速胞浆和线粒体间肌酸和磷酸之间能量穿梭转移，有助于肌肉蛋白质合成，使口服肌酸加快瘦体重的增加，同时有助于力量和速度运动能力的提高。

小结

磷酸原系统供能特点：快速供能，使肌肉达最大输出功率，但由于储存量较少，连续供能持续时间较短（4~5 s），补充肌酸可以增加磷酸原供能系统的能量储备，有利于力量和速度项目运动能力的提高。

探索与思考

1.磷酸原供能系统在所有强度的肌肉运动中均起重要的提供能量的作用，为什么？

2.通过进一步查阅资料，请您设计一个训练中补充肌酸的方案。如果不需要补充肌酸，为什么？

糖无氧代谢基本过程

一、运动中肌肉内糖无氧代谢的基本过程

葡萄糖和糖原在缺氧的条件下，分解生成乳酸，同时生成 ATP 的生化过程，称为糖无氧分解代谢，又称为糖酵解。

（一）糖酵解的途径

如图 3.5 所示，骨骼肌细胞浆内，存在大量的肌糖原，在进行糖酵解时，首先分解为葡萄糖；血液中的葡萄糖进入骨骼肌细胞后，也可以通过糖酵解途径被分解产生能量，同时生成乳酸。

图 3.5　糖酵解过程示意简图

（二）乳酸的代谢

骨骼肌内通过糖酵解生成的 ATP 可以被利用为肌纤维收缩等活动，而大量生成的乳酸也需要排出细胞，因为乳酸在肌细胞内堆积会严重抑制糖酵解的进行，称为终产物浓度抑制。

1. 运动中乳酸的生成

在 20~60~90 s 短时间最大强度运动中，大量募集肌纤维收缩，糖酵解速率达到最大，乳酸迅速大量生成，直到运动结束，如 200 m 跑和 400 m 跑；在较长时间的大强度运动中，加速阶段和冲刺阶段也会大量募集快肌纤维收缩，生成大量乳酸，跑后血乳酸可达 15 mmol/L 左右，又如 5 000 m 跑，有氧代谢不能满足肌肉对能量消耗的需求，特别在比赛时，最后冲刺也会使糖酵解供能增加，也生成大量乳酸，如 800 m、1 500 m 跑也一样。运动中乳酸生成越多，说明通过糖酵解供能越多。

2. 乳酸的消除

首先，从发生糖酵解的骨骼肌细胞转运出细胞。然后，从骨骼肌细胞转运出来的乳酸进入血液循环。最后，在运动中和运动结束后：①运动中通过血液循环进入心肌、骨骼肌内被完全分解为二氧化碳和水，是乳酸消除的主要方式。因此，大强度运动后及时进行低强度的恢复性运动，既增加肌肉内的血液循环，也是快速减少体内乳酸的最好方式，如快步频慢跑、自行车小传动比慢骑、放松性游泳等。②运动后在肝脏中重新合成糖原，占总量约 20% 以内。

③转化为其他物质分子，占 10%~15%。④通过汗液和尿液排出，约占 5%。

3.乳酸消除的意义

①维持糖酵解系统持续供应能量。

②防止骨骼肌细胞内因 pH 值过度降低而降低 ATP 的利用效率。

③转移乳酸使其再利用。转移至心肌和其他骨骼肌纤维中分解提供能量。

多数的运动项目中，长期高水平训练的运动员，消除运动中产生的乳酸的能力很强，特别是心肌能更多地完全分解乳酸生成能量。

二、运动中肌肉内糖无氧代谢的调节

运动中的无氧代谢的调节包括 3 个方面：①能源物质的储量，即肌糖原、肝糖原的储备量，特别是肌糖原的储备量。②运动后肌糖原恢复的调节。③肌糖原糖酵解过程的调节，包括催化糖原分解的酶活性在训练影响下的改变，神经、激素等对糖酵解的调节，内环境变化时酸碱平衡的协调等。这 3 个方面的调节因素，受运动强度和运动时间的综合影响。我们重点了解糖原储备和恢复的调节。

（一）肌糖原、肝糖原储备量的调节

1.饮食

膳食中长期糖类（营养学中称为碳水化合物）（主食）摄入不足，肌糖原和肝糖原含量较低，运动中维持糖酵解供能的时间较短，肌肉力量不能维持易疲劳，不能维持大运动量训练。如体操等项目运动员减体重、健美运动员控制主食摄入等，容易发生糖原储备较少。

2.训练中糖原储备大量消耗

如图 3.6 所示，大强度长时间训练后，肌糖原和肝糖原均被大量消耗，训练后糖原储备处于很低的水平；在连续的大运动量训练中，训练前一餐碳水化合物摄入不足，会发生低血糖，说明训练前糖元储备量不足。

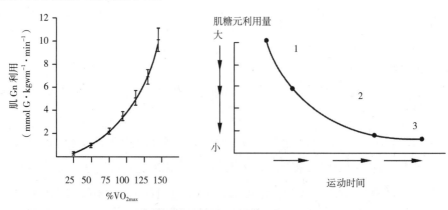

图 3.6　不同运动强度和运动时间对肌糖原影响示意图

3.超代偿性恢复

训练结合碳水化合物摄入，可以使糖原储备量发生超代偿性恢复。大运动量的糖酵解供能训练和大量消耗糖原的长时间耐力训练，训练中肌糖原和肝糖原被大量消耗，训练中和训练后及时补充糖类，可以使糖原储存量超出运动前，称为糖原的训练后超代偿性恢复。

采用高糖膳食并在训练后及时补充糖类饮料的方法（糖原填充法），训练中糖原消耗越多，超代偿性恢复越明显，最多可以在 48 h 后超出运动前 2~4 倍。两周左右的糖原填充法训练，可以明显提高糖酵解供能能力和肌糖原、肝糖原储备量。

（二）运动后肌糖原恢复的调节

①运动后的高糖膳食（糖类占总能量摄入 70% 以上）可以提高运动后肌糖原含量。

②运动后及时补充糖类更明显增加肌糖原超代偿性恢复（图 3.7）。运动后即刻至运动后 2 h，骨骼肌细胞对胰岛素敏感性最高，同时糖原合成酶的活性也最高，及时补充糖类，肌细胞在胰岛素帮助下从血液中快速吸收更多的葡萄糖，用于更多地合成肌糖原。

③运动后及时补充糖类和优质蛋白质混合物，肌糖原超代偿性恢复优于单独补充糖类（图 3.8）。

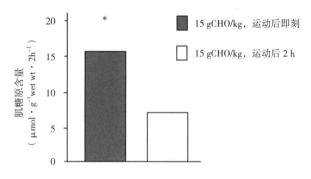

图 3.7　不同时间的糖补充对肌糖原含量的影响
（引自冯炜权等，《运动生物化学研究进展》，2006）

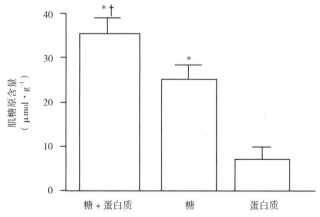

图 3.8　运动后糖补充对肌糖原合成的促进作用及蛋白质添加的增强作用
（引自冯炜权等，《运动生物化学研究进展》，2006）

肌糖原糖酵解过程的调节

一、糖酵解酶活性的调节

1. 糖原磷酸化酶活性调节

糖原磷酸化酶所催化的反应式将糖原分解为葡萄糖，是糖原分解代谢的限速步骤。磷酸化酶有 a 型和 b 型两种存在形式。安静时，此酶大多以低活性的 b 型存在，a 型的比例是 10% 或更低；运动开始后，b 型磷酸化酶迅速大量转化为高活性的 a 型磷酸化酶，使糖酵解过程迅速进行，生成能量供应肌肉收缩的需要。糖原磷酸化酶活性还受到肌细胞 pH 值的影响，pH 值降低抑制了磷酸化酶 b 激酶，导致 b 型向 a 型的转化减少，糖原磷酸化酶 a 在高强度重复训练肌肉 pH 值达到 6.4 时被抑制，是肌肉中酸性物质的增加所致，结果是抑制了糖酵解过程，减少能量生成，降低肌肉力量。

2. 二磷酸果糖激酶活性调节

通过二磷酸果糖激酶的催化，一个葡萄糖分子分解为两部分，是糖酵解生化反应过程中的限速酶。当肌细胞内 ATP 浓度降低时，如 ATP-CP 大量消耗后，二磷酸果糖激酶活性提高，增加糖酵解过程的反应速度，加快 ATP 的生成。

二、神经调节

大强度运动中，通过神经调节动员大量肌纤维特别是快肌纤维参与肌肉收缩，进而启动肌细胞内的糖酵解供能系统，分解肌糖原产生能量。

三、激素调节

大强度运动中，血液肾上腺素浓度迅速升高，直接刺激糖原磷酸化酶活性增加，加快糖酵解系统供能。

血乳酸测试，反映运动中糖酵解供能。运动后血液乳酸浓度越高，说明运动中糖酵解供能程度越高。如图 3.9 所示说明连续大强度运动中，休息间歇越短，CP 不能及时恢复，动用糖酵解供能越多。如图 3.10 所示说明随着运动强度逐渐提高，到达运动强度的某一点时，开始大量动用糖酵解系统供能，血乳酸浓度开始急剧增加，这一点称为"乳酸阈"运动强度。

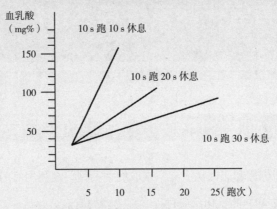

图 3.9 10 s 跑间歇训练休息时间与血乳酸浓度及跑次的关系

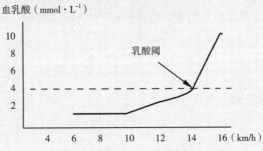

图 3.10 递增负荷跑台跑血乳酸浓度变化曲线

小结

糖酵解供能系统的特点是供能速度较快，供能速率是磷酸原系统的约 1/2，但却是有氧供能系统的约两倍。糖酵解供能系统是在高强度运动中，骨骼肌内 CP 消耗后主要的供能途径，磷酸原供能系统和糖酵解供能系统合称为无氧供能系统；在亚极量较长时间（1.5~5 min，CP 大量消耗后）大强度运动中，利用氧分解葡萄糖和脂肪等生成 ATP 的速率不能满足肌纤维收缩的需要，同时也通过糖酵解途径为肌肉收缩供能，称为无氧 - 有氧混合供能。

糖酵解供能系统主要受运动强度和运动时间的影响，通过神经、激素、糖酵解催化酶活性调节糖酵解供能系统的供能。膳食糖类摄入和运动后糖类补充显著影响肌糖原和肝糖原含量，合理膳食和运动后及时补充糖类可以显著提高肌糖原含量，从而增加糖酵解系统供能能力。

第三节 糖有氧代谢系统基本过程

一、运动中肌肉内糖有氧分解代谢的基本过程

肌肉内的肌糖原和肌肉从血液中摄取的葡萄糖，在利用氧的条件下，完全分解成二氧化碳和水，同时生成 ATP 的生化反应过程，称为糖的有氧分解代谢。

在肌细胞内的糖有氧分解代谢反应，是分为两部分的连续分解过程，分别在细胞浆和线粒体内进行，在人体其他组织细胞内也进行同样的过程，如图 3.11 所示。终产物为二氧化碳和水，同时生成 ATP。生成的 ATP 通过肌酸 - 磷酸肌酸转运出线粒体才能被肌纤维收缩利用，ATP 的生成速率只有糖酵解的约 1/2，所以肌肉利用糖有氧氧化供能产生的力量小于利用糖酵解和磷酸原系统供能的力量。

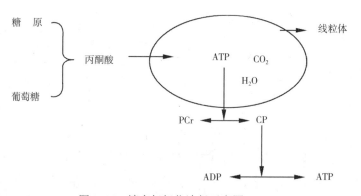

图 3.11　糖有氧氧化途径示意图

二、运动中肌肉内糖有氧代谢的调节

运动中的糖有氧代谢的调节同样包括 3 个方面，与糖的无氧代谢的调节相似。

1. 肌糖原、肝糖原储备量的调节

长时间大强度有氧运动大量消耗肌糖原和肝糖原，因此其储备量的调节与糖无氧代谢相似。

2.运动强度对糖有氧分解过程的调节

①运动强度为无氧阈强度时(血乳酸浓度约为 4 mmol/L),糖有氧分解代谢速率达到最高值。进一步增加运动强度,则糖酵解代谢增强,并且对糖有氧分解代谢产生抑制。

②长期通过糖有氧代谢供能的运动训练,可以提高所有催化糖有氧分解酶的活性,使糖有氧分解代谢产生 ATP 的速率增加,从而提高糖有氧分解代谢供能中的肌肉力量和输出功率。

3.运动后肌糖原恢复的调解

与糖无氧代谢调节原理相似。

4.运动强度与糖有氧代谢供能的关系

肌细胞内的肌糖原,以及肝脏内的肝糖原分解为葡萄糖进入血液循环后到达肌肉可以被肌肉摄取,均可以在运动中通过有氧分解代谢提供能量,在运动中,糖有氧代谢供能与运动强度关系密切,表 3.1 可以看出不同运动强度的项目运动中各种供能系统的供能比例,如图 3.12 和图 3.13 所示同样可以看出不同时间的最大强度运动中,肌肉内不同的供能系统随运动强度不同而起不同程度的作用。中等距离、2~10 min 内的大强度运动中（65%~85%VO_{2max} 强度）,糖有氧代谢供能占总供能比例较高。

表 3.1　各种不同强度运动中不同的能量供应系统所占的供能比例

运动项目	磷酸原、糖酵解供能 /%	糖酵解、有氧氧化供能 /%	脂肪有氧氧化供能 /%
篮球	85	15	—
足球	90	10	—
体操	90	10	—
游泳 50 m	98	2	—
100 m	80	15	5
200 m	30	65	5
1 500 m	20	40	40
网球	70	20	10
田径 100 m、200 m	98	2	—
400 m	80	15	5
800 m	30	65	5
1 500 m	20	55	25
3 000 m	20	40	40

运动项目	磷酸原、糖酵解供能 /%	糖酵解、有氧氧化供能 /%	脂肪有氧氧化供能 /%
5 000 m	10	20	70
10 000 m	5	15	80
马拉松	—	5	95

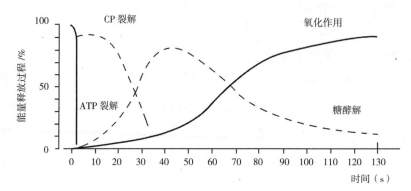

图 3.12　运动时 3 个供能物质代谢系统在总能量中的比例示意图

（引自冯炜权等，《运动生物化学进展》，2006）

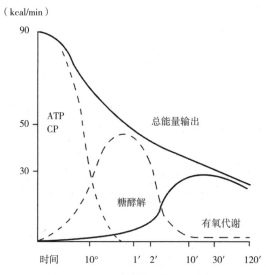

图 3.13　人体骨骼肌运动时的供能生化过程和功率输出的相互关系

（引自冯炜权等，《运动生物化学进展》，2006）

糖的供能特点

人体在运动时，糖是重要的能源物质，因为它有以下供能特点：

1. 在不同氧供应状况下，糖都可以充分发挥其供能作用

像在 100 m、400 m 和 800 m 跑等运动项目中，氧供应不足，糖可以通过无氧酵解生成乳酸提供能量，以维持运动能力；在氧供应充足的耐力运动项目中，如马拉松跑、50 km 竞走等，糖可以通过有氧代谢分解成二氧化碳和水，并提供能量以生成 ATP 维持运动能力。比较脂肪和蛋白质只有在有氧状况下才可以分解供能的方式，糖的这种分解供能无疑具有明显的优越性。而且在同样的供氧条件下，糖的能量生成效率是最高的，每消耗 1 mL 氧，糖可以释放能量生成 6.2~6.5 mol 的 ATP，而脂肪只能生成 5.6 mol 的 ATP。

2. 糖的利用速率快

在一般情况下，任何运动都很少只动用一种代谢途径去补偿运动中消耗的 ATP，因而运动时骨骼肌 ATP 的含量变化很少，但它的总利用量很大，在激烈的耐力运动中为每分钟 1~2 mol，可见 ATP 的转化速率相当迅速。在大于 2 min 的大强度有氧耐力运动中，有氧代谢虽然不是唯一的，但被认为是具主导作用的 ATP 产生途径。而此时，有氧代谢的底物主要是糖类。运动开始时先利用糖原，如 100 m 跑、50 m 游泳这样的短时间运动，在运动开始 3~5 s 糖就通过酵解参与供能，短跑时糖酵解供能速率比步行时可增加约 120 倍，由 0.3 mmol/（kg·min）$^{-1}$ 提高到 40 mmol/（kg·min）$^{-1}$；持续运动 5~10 min 后，血糖开始参与供能，最多可达到安静时速率的 20 倍，当运动强度达最大摄氧量强度时，可达安静时的 50 倍；随着血糖被骨骼肌、大脑等组织的利用，肝糖原分解速率可比安静时增加 5 倍。这说明，运动时糖供能速率快，其储量是影响运动能力的重要因素。

3. 糖是运动时消耗最多的供能物质

Wilmore 和 Costill 等（2004）计算的各项运动的能量消耗物质供能比例显示，糖对大强度运动项目极其重要，在这些项目中的供能比例往往在 90% 以上。表 3.2 是几项运动中糖的供能情况。从图 3.1

可以看出，不同强度运动中肌糖原、血糖、血浆游离脂肪酸及肌甘油三酯供能的状况，不难看出，随着运动强度的增加，糖类供能的比例也大幅度增加。当然，就脂肪酸的供能绝对值来讲，也有较大幅度的升高，尽管相对值减小。因此减肥或控体重者在有限的时间内要想消耗掉等重量的脂肪，$65\%VO_{2max}$的强度显然比$25\%VO_{2max}$要好一些。

表 3.2　跑、游泳、自行车运动的能量消耗和糖供能

运动项目	能量消耗	糖供能	
	/kcal	数量 /g	占总能量供应的比例 /%
跑 2 英里	21.5	50~55	93~100
10 km	700	150~170	86~97
马拉松	2 800	500~550	71~78
自由泳 200 m	50	12~15	96~100
1 500 m	400	90~100	90~100
自行车（1 h）	1 020	230~250	90~100

注：按 70 kg 体重计算。

（引自 Willmore and Costill，2004）

探索与思考

1. 总结：运动中糖作为供能物质，通过糖酵解供能系统和糖有氧氧化供能系统生成能量，如何利用运动中糖的供能特性，提高相关项目运动中糖的供能能力？

2. 如何通过血乳酸测试，分析运动中糖的供能能力？

小结

通过糖的有氧分解代谢生成 ATP 的效率很高，但是 ATP 的生成速率只有糖酵解的约 1/2，并且需要肌酸 - 磷酸肌酸转运出线粒体才能被肌纤维收缩利用。

在中等距离、2~10 min 内的大强度运动中（$65\%~85\%VO_{2max}$ 强度），糖有氧代谢供能占总供能比例较高，且在此运动强度范围内，随运动强度提高，糖有氧代谢供能逐渐加强。

脂肪有氧氧化代谢系统基本过程

一、运动中肌肉内脂肪有氧代谢的基本过程

在肌肉内，通过利用和消耗氧，分解脂肪和脂肪酸产生能量的生化反应过程，称为脂肪有氧氧化代谢系统。

在人体组织中，利用脂肪有氧氧化分解代谢产生能量的组织主要是心肌和骨骼肌的慢肌。脂肪有氧氧化分解代谢可以分为以下5个步骤：

1.脂肪动员

运动时交感神经兴奋，血液肾上腺素增多，激活脂肪细胞内的脂肪分解酶。储存在皮下或腹腔脂肪组织中的脂肪，在脂肪分解酶的催化下，分解为脂肪酸和甘油并释放进入血液，这一过程，称为脂肪动员。

2.血液运输

通过血液循环的转运，血液中的脂肪酸到达肌肉后被吸收进入肌细胞内。

3.L-肉碱转运，在肌细胞内转移至线粒体

如图 3.14 所示，进入肌细胞内的脂肪酸先转化为脂酰辅酶 A，然后再转移至线粒体膜与 L-肉碱结合，生成脂酰肉碱，然后再转运至线粒体膜内侧，再转化为脂酰辅酶 A，因此 L-肉碱为脂肪酸进入线粒体的转运载体，这一转运过程是肌细胞内脂肪酸氧化的限速步骤。中、短碳链脂肪酸可以不需要 L-肉碱的转运直接进入线粒体，但是长碳链脂肪酸必须要 L-肉碱的转运才能进入线粒体，因而中、短碳链脂肪酸的氧化利用速度比长链脂肪酸要快。

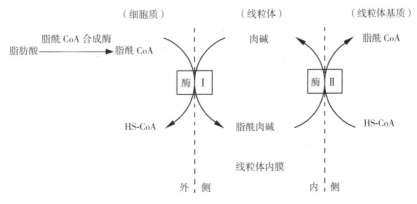

图 3.14　脂肪酸在肌细胞内转移至线粒体

4. 在线粒体内进一步分解

具体过程可以不了解。

5. 在线粒体内氧化分解为二氧化碳和水，同时释放能量生成 ATP

二、运动中肌肉内脂肪有氧代谢的调节

（一）运动中脂肪供能的特点

①储备量大，正常生理情况下，远远超出使用量。

②是长时间、中低强度运动时的主要供能的能源物质。由于脂肪动员、转运和脂肪酸的分解步骤复杂，需时较多，输出功率又不高，因此不是短时间、极限强度运动的能源物质，而只能作为长时间、中低强度运动时的主要能源物质（图 3.15、图 3.16）。

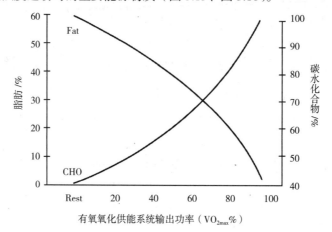

图 3.15　运动中糖与脂肪作为能源的关系（引自 Don Maclaren，2012）

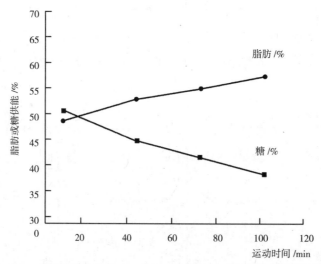

图 3.16　在稳定强度运动中，糖与脂肪供能在总能量输出中的相对贡献
（引自 Don Maclaren，2012）

在运动强度低于 70% 最大摄氧量、持续运动时间分别为 40，90，180，240 min 时，脂肪供能占总耗能的比例分别为 37%，37%，50%，62%。但应该指出的是，只要在一定强度范围内，由于大强度运动时总能耗加大，因此，在相同运动时间的条件下，消耗脂肪的总量并不少。如分别以 75% 和 25% 最大摄氧量运动，脂肪的消耗量分别是 110 cal/（min·kg）和 70 cal/（min·kg）。可以看出，在两种运动时间相同的情况下，强度较大的运动，脂肪的总消耗量也大。

（二）影响运动时脂肪供能的因素

1. 脂肪动员速度的激素调节

运动时交感肾上腺素能系统的活性提高，当运动强度在 50%~70% 最大摄氧量时，交感肾上腺素能系统的兴奋性就明显提高，血浆肾上腺素和去甲肾上腺素浓度也明显增高，提高脂肪酶的活性，加快脂肪动员。

2. 乳酸对脂肪动员速度的调节

乳酸是糖酵解的代谢产物，由于糖酵解在运动中有重要的供能意义，但当时间超过 30 s~1 min 的最大强度运动，运动骨骼肌细胞中的乳酸产量都会增加。如果乳酸产生的速度超过它的消除速度，就会出现乳酸在骨骼肌细胞中堆积的现象。乳酸可阻断或抑制肾上腺素加速脂肪动员的作用。

耐力运动训练可提高骨骼肌细胞有氧氧化的能力，如增加骨骼肌细胞内线粒体的体积和数量，提高有氧代谢酶的活性等，减少相同运动强度下乳酸的产生数量，削弱乳酸对脂肪动员的阻断或抑制作用。同时，训练还可提高机体对乳酸的耐受能力，即使在乳酸增加的情况下，也能保持较高的脂肪动员速度。因此，长期的有氧运动训练可提高人体脂肪动员的能力。

3. 运动中可利用糖量对脂肪利用的影响

运动中糖和脂类往往是骨骼肌细胞的主要供能物质。由于糖供能的输出功率较大，启动速度又较快，因此，在糖储量丰富时，骨骼肌细胞会更多地利用糖来供能。但由于体内糖的储备量相对较少，如果完全依赖糖代谢供能，则运动持续时间很有限。为了获得最大耐力，糖和脂肪必须合理利用。骨骼肌内可利用糖的量较少时，就尽可能多地利用脂肪酸供能，可以节约利用糖，使有限的糖储备维持较长的运动时间，直到运动结束，有利于维持长时间运动中的速度耐力。L-肉碱的数量是长链脂肪酸氧化有限速作用，因此，补充肉碱可能在一定程度上达到多利用脂肪供能，节约肌糖原的目的。

4. 肌细胞糖储备对脂肪利用的影响

糖和脂肪都是人体的重要能源物质，糖储量的变化会影响脂肪的分解数量。高糖膳食使肌糖元储备增加，运动中能更多地利用糖供能，而脂肪氧化量较少。说明如果运动前提高骨骼肌细胞内糖的储备，可以减少运动中对脂肪的分解利用，同时也有利于维持较高的肌肉力量。

5. 耐力训练水平对脂肪利用的影响

耐力训练能提高运动员利用脂肪供能：①耐力训练可以提高脂肪动员能力，加快运动中脂肪的动员；②耐力训练使骨骼肌中线粒体的数量和有氧氧化酶的活性均显著提高，能够加快脂肪供能。如图 3.17 所示，通过训练，在运动中可以很明显地提高肌肉利用脂肪酸的能力。

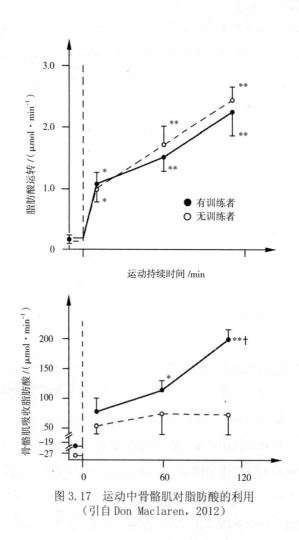

图 3.17　运动中骨骼肌对脂肪酸的利用
（引自 Don Maclaren，2012）

运动与脂肪代谢平衡

运动中可利用来分解供能的脂肪主要来源于两个途径：①骨骼肌细胞内储备的脂肪酸；②从脂肪组织中经过脂肪动员出来的血浆游离脂肪酸。

运动强度在 25% 最大摄氧量时，血浆游离脂肪酸浓度增加的速度是安静时的 5 倍；运动强度达 25%~65% 最大摄氧量时，肌糖原分解成了重要的能量来源，血浆游离脂肪酸浓度增加的速度不变，脂肪分解的总量上升，其来源应该是骨骼肌细胞中储备的脂肪酸；运动强度达 85% 最大摄氧量时，骨骼肌收缩主要靠肌糖原分解成供能，这时，血浆游离脂肪酸浓度下降。因此，如果只强调运动中的能量消耗，对减体重、降体脂而言，低强度运动无疑较高强度运动效果更好。但这又无法获得大强度运动对提高运动后能量消耗的益处，如何将两者结合起来，是很值得研究的。

长期的耐力训练，可以改变食物脂肪在体内的流向。经过长期耐力训练的人进食脂肪后，消化吸收的脂肪酸有更多的储备在骨骼肌细胞中，以便运动时分解供能。而其吸收的食物脂肪酸则较少进入脂肪组织，因此，长期进行耐力运动，对改善全身脂代谢和血脂成分调整体脂分布和体成分，都是非常有益的。

查阅资料，讨论补充 L−肉碱并结合运动能否增加身体脂肪的氧化分解、减少体脂含量？为什么？

不同的供能代谢系统在运动训练中是相互联系的

需要说明的是，运动中通过大脑运动皮层甚至心理意志的作用，调节、维持或加强运动神经元的活动，运动神经元则决定了动员募集的肌纤维数量和肌纤维收缩频率的动态变化，从而调节、维持或加强肌肉的力量。这一复杂的神经过程，对运动中能量消耗的速率、总能量消耗起决定作用；相应地，运动中人体的呼吸和氧供应、肾上腺素和皮质激素等运动中促进能量生成的激素与神经作用协调，调节运动中能量的生成方式和供能速率，整合能量代谢系统，使不同的能量代谢系统相互促进，而非单独起作用，如肌酸 - 磷酸肌酸系统促进糖酵解系统的供能，适量的糖酵解系统的产物可以激活有氧氧化系统，肌酸 - 磷酸肌酸系统通过能量转运促进有氧氧化系统的供能。另外，运动中肌肉内蛋白质分解增多，包括收缩蛋白质成分和其他功能性蛋白质成分，虽然其中某些氨基酸如枝链氨基酸可以通过三羧酸循环分解产生能量，但是在正常情况下其提供的能量只是总能量消耗的极少部分，因此一般不考虑蛋白质在运动中的供能。

在运动后人体的恢复中，能源物质特别是磷酸肌酸和肌糖元恢复合成、蛋白质的恢复合成以及其他多种生理机能的恢复和细胞内环境平衡的恢复，均需要消耗能量，肌肉中这些能量一般大部分来自于脂肪酸的有氧氧化，其他器官中主要来自于葡萄糖（从血液中摄取）的有氧氧化，这是运动生理学中提到的"运动后过量氧耗"的主要原因。

胰岛素在运动后恢复中促进各个器官包括骨骼肌组织从血液中吸收各种营养物质（葡萄糖、氨基酸、脂肪酸、维生素等），用于能源物质和蛋白质的恢复合成，促进蛋白质合成激素主要是雄性激素（如睾酮）以及生长激素促进运动后蛋白质的恢复合成和超量代偿性恢复。这些是激素在运动后对物质合成代谢恢复的调节作用。

第五节 运动中水盐代谢与体温调节的生化机制

一、人体运动中的水盐代谢与体温调节

（一）运动中的体温调节

根据外界环境的温度，皮肤的温度可以在较大的范围内变动，但深部组织的温度则必须保持在正常体温 37 ℃左右很小的范围内。因此，身体的产热率和散热率必须保持平衡，否则就会导致体温的变化。人体内发生的所有化学反应产生的化学能大部分表现为热能，因此，产热率和代谢率是成正比的。运动中代谢率的增加是和能量转化成比例的。优秀马拉松运动员能够用 2 h 多一点的时间完成马拉松比赛，这样的速度会导致机体的产热率达到 1 200 W，但是其体温的上升却很少超过 2~3 ℃，这表明机体散热率也随着产热率的上升而升高。一般来说，运动中体温的上升和运动强度是成比例关系的。

人体运动中体温的调节方式中，人体体表与环境之间的物理热交换主要以传导、对流、辐射 3 种方式进行，通过汗液蒸发散发身体热量是人体主动进行的散热方式。环境温度是人体散热最重要的影响因素。

1. 传导

空气的导热性较差，水的导热性是很好的，因此，水温 28 ℃时，人们感觉暖和，而水温低于 28 ℃时，人们却感到凉，甚至冷。因此，水温对游泳运动员的成绩有相当的影响。

2. 对流、辐射

当人体皮肤的温度远远高于环境温度时，对流、辐射是非常有效的散热方式，在这种条件下，即使在大强度运动中，这两种方式也是主要的散热方式。反之，随着皮肤与环境的温差减小，当环境温度高于 35 ℃时，机体开始从环境中吸收热量。

3. 蒸发

运动中体内大量快速产热，特别是环境温度也同时较高时，体内蒸发就成了散热的唯一方式。当机体代谢产热量很高，物理散热很有限，有可能导致体温上升时，快速蒸发散热是十分重要的。由体表每蒸发 1 L 汗液，可以散发身体热量 2.6 MJ（620 kcal）。

以马拉松运动员为例，假设其产热率为 1 200 W，蒸发散热的作用就非常明显。如果没有热交换机制，体温会快速上升并在运动开始后 20 min 内达到人体耐受的上限。1 L/h 的汗液蒸发速度可以使散热量达到 2.6 MJ/h（620 kcal/h），相当于 722 J/s（172 cal/s）或 722 W。因此，身体代谢产热的总量相当于 1.7 L/h 的汗液蒸发率所散失的热能。高蒸发率要求高的汗液分泌率，这就导致随着出汗的增多，水和电解质进行性丢失。

尽管人体通过皮肤的汗液蒸发散热能力很高，但人体必须不停地排汗，保持皮肤的湿润。当皮肤与环境之间的蒸气压差很低时，蒸发就会被阻碍。这种情况在环境水蒸气压很高时更明显。如衣服妨碍空气的流通，使皮肤周围的水蒸气达到饱和，从而限制汗液的蒸发。大的体表面积、高的风速都可以促进蒸发散热，但当环境温度高于皮温时，它们也会因为辐射、对流的提高使身体从环境中吸收的热量增多。

（二）运动中的水盐代谢与体温调节

1. 运动时的脱水

运动时代谢率增加，除 25% 的代谢产能用于参与外部工作外，其余的都以热量的形式散失。在运动过程中，能量需求增加后，随之而来的是产热的增加。体重 70 kg 的人，正常安静的氧耗是千克体重每分钟 4 mL，产热率为 60~70 W（相当于一个小电灯泡的热量），维持 2.5 h 马拉松跑的需氧量约 4 L/min，相应的产热率可达 1 100 W，体温也开始急剧升高。

①散热和脱水方式。为了避免体温升高的有害影响，机体的散热率也需相应增加。运动员主要是通过排汗来调节体热平衡。运动时，皮肤温度保持在较高水平有利于体热的辐射和传导，但这些机制只有在周围温度低并且风速快时才发挥积极作用。当环境温度高于皮肤温度时（大约超过 35 ℃），机体只能通过蒸发的形式散热。每蒸发 1 L 水就有 2.4 MJ 的体热散失。一个 70 kg 体重的人进行 2.5 h 的马拉松跑，如果仅以蒸发的形式维持产热与散热平衡，就需要汗液以 1.6 L/h 的速度蒸发。在如此高的出汗率情况下，有部分汗液未经蒸发即从皮肤流失，汗液分泌量达到 2 L/h 才可能满足蒸发散热率的需要。这种情况可能发生，但会导致 5 L 的水分丢失，对于 70 kg 的人来说相当于 7% 的体重。此外，水分还可以通过呼吸道蒸发，尽管这不是散热的主要渠道，但在炎热、干燥的环境中进行激烈运动时，经呼吸散发的热量可占相当比重。

②项目差异。在不同项目运动中，能量需求是不断变化的，排汗量差异也较悬殊，主要取决于当时的气温、热辐射强度、气压、湿度、运动强度、饮食含盐量以及血浆中的含盐量等因素。表 3.3 列出了不同运动项目的平均出汗量，但平均值往往掩盖了两极反应。即使在很低的环境温度下也可能观察到高出汗率的情况，比如像马拉松这种能量需求很高的项目，因此，不能认为脱水是仅仅存在于高温环境中。但是，汗液的丢失确实与环境状况息息相关，体液的大量流失在夏季和热带气候更常见。据报道,夏季参加比赛的马拉松运动员体液流失可达 6 L 甚至更多，相当于 8% 体重或 12%~15% 的总体液量。尽管个体差异明显，但对不同组的马拉松运动员的研究发现，跑速与出汗率有关，但与总出汗量无关。

表 3.3 不同项目运动的出汗率

运动项目	性 别	环境 /℃	出汗量 / (mL·h^{-1})
10 km 跑	女	19~24	1 490
10 km 跑	男	19~24	1 830
马拉松	男	6~24	540~1 520
40 km 自行车	女	19~25	750
40 km 自行车	男	19~25	1 140
足球	男	10	1 000
		25	1 200
足球	女	26	800
		16~22	900~1 000
篮球	女	20~25	900
	男	20~25	1 600
划艇	女	10	780
		32	1 390
划艇	男	10	1 165
		30	1 980
橄榄球	男	18~23	1 600~2 200
板球	男	23	500

注：出汗量为均值，不能反映个体差异。

（引自 Reher and Burke,1996）

③体重、温度影响。运动员在训练或比赛时的排汗量和运动负荷强度及温度有关，在热环境下运动会增加排汗量。表 3.4 显示，当运动员在不同气温下以不同速度跑时，随负荷强度增加和温度的上升，排汗量相应增加。

表 3.4 不同体重运动员在不同温度环境下不同跑速时的出汗量

跑速 / (km·h^{-1})	体重 / kg	1 h 排汗量 /mL					
		10 ℃	15 ℃	20 ℃	25 ℃	30 ℃	35 ℃
15	50	610	610	750	895	1 035	1 085
15	60	770	770	930	1 095	1 260	1 315
15	65	840	840	1 015	1 190	1 365	1 425
15	70	945	945	1 120	1 295	1 470	1 530

跑速 / (km · h⁻¹)	体重 / kg	1 h 排汗量 /mL					
		10 ℃	15 ℃	20 ℃	25 ℃	30 ℃	35 ℃
18	50	820	820	970	1 120	1 275	1 330
18	60	1 020	1 020	1 195	1 370	1 545	1 650
18	65	1 115	1 115	1 300	1 485	1 675	1 740
18	70	1 250	1 250	1 440	1 625	1 815	1 880

（引自 Nissen 等，1992）

④性别、年龄差异。在一般情况下，女性比男性出汗少，即便在经过一段适应期后也是如此。但这种所谓的性别差异可能在很大程度上是由于训练和适应程度不同造成的。关于年龄对排汗能力影响的研究有限，健康及适应水平是很重要的影响因素，但一般而言，排汗反应是随年龄而下降的。这并不代表女性和老人无法适应热环境中的运动，也不意味着即使在热环境下他们也无须特别注意液体的补充。儿童与成人在运动排汗反应及汗液成分上有所不同。儿童的排汗能力及汗液中的电解质浓度（以体表面积计）均低于成人，但儿童补充液体和电解质的需要与成人同样重要。实际上，发生相同程度的脱水时，儿童的体温增加较成人明显，因此他们补液的需求可能更高些。

2. 运动中的电解质丢失

机体丢失的水分首先来自细胞外液，因此，汗液中的氯化钠浓度较高。汗液中电解质的流失实际上反映了发汗率和汗液成分的变化，而后两者除了随时间变化外，还受运动强度、环境及生理机能的影响。与电解质的易变相比，血浆的等渗环境相对稳定，其主要电解质是钠和氯（表3.5）。离子的浓度通常以 mmol/L 计算，而钠盐的丢失量却是以 g 为单位评定的。以每升汗液含钠 50 mmol 计算，那么，每失汗 1 L，即失钠 2.9 g。如果运动员在一天的训练中出汗达 5 L，其失钠量即达到 15 g。即使由于大量出汗而使汗液中钠的浓度及排尿量减少，盐的丢失量对一般的摄入量来说是太多了，而且在高温环境中钠盐的代谢更加变化不定。因此，运动中补液应考虑高温环境的影响。

机体经汗液可丢失大量的盐。当大量出汗时，电解质的丢失十分明显。汗液中各种电解质成分的丢失量受其浓度和总出汗量的影响。表3.5列出了血浆、细胞内液及汗液的电解质成分。

表3.5 细胞内、外液正常电解质浓度

	血浆 / (mmol · L⁻¹)	细胞内液 / (mmol · L⁻¹)	汗液 / (mmol · L⁻¹)
钠	160~155	10	20~80
钾	3.2~5.5	150	4~8
钙	2.1~2.9	0	0~1

	血浆 / (mmol · L⁻¹)	细胞内液 / (mmol · L⁻¹)	汗液 / (mmol · L⁻¹)
镁	0.7~1.5	15	< 0.2
氯化物	96~110	8	20~60
重碳酸盐	23~28	10	0~35
磷酸盐	0.7~1.6	65	0.1~0.2
硫酸盐	0.3~0.9	10	0.1~2.0

汗液的成分是存在个体差异的，但即使是同一个体也会因排泄率、训练程度及热适应性的不同而变化。随着训练水平的提高和热适应性的增强，热刺激时的排汗率增加而电解质丢失减少。机体在保存电解质的同时增加了热调节能力，称为热习服。汗液的主要成分与细胞外液相同，主要是钠和氯，当然其浓度低于血浆。经过适应性训练后，增加排汗率的同时可保证汗液中钠盐的浓度下降。相对而言，汗液中钾的浓度受出汗率的影响小，镁的浓度变化很少或轻微下降。

二、运动中水盐代谢调节与运动能力

（一）失水对运动能力的影响

失水对运动能力的影响程度与失水量的多少及训练水平有关。不论是耐力性有氧运动还是高强度无氧运动，脱水通常会损害运动能力。一般来说，脱水达体重的 2% 时，运动能力即受到轻微损害；当脱水超过体重的 5% 时，运动能力可下降 30%。研究发现，长时间运动使机体丢失约 2.5% 体重的体液，进行大强度的能力下降了 45%，而预防脱水发生可以增强运动能力。但对于训练水平较高的运动员，特别是经过多年训练对脱水有一定耐受的运动员来说，失水即使超过 5%，摄氧量、心输出量和运动能力均无明显影响。

1. 脱水影响机体的最大摄氧能力和运动能力

在温和的气候中，身体丢失水分少于体重 3% 的水分时，不会改变最大摄氧能力；身体丢失水分超过体重的 3% 时，最大摄氧能力下降。在炎热的气候中，小量的或中等的水量减少就能够导致最大摄氧能力的大幅下降，热环境加重缺水导致的最大摄氧能力下降。低水合时，递增强度运动时机体运动到疲劳时的能力降低。少量（体重的 1%~2%）的脱水降低体能，但不降低最大摄氧能力。在炎热的气候里，低水合降低最大摄氧能力的幅度更大。

2. 低水合降低运动员的耐力和力量

如缺水对长跑运动员耐力的影响。让运动员分别在正常水合和低水合时完成 1 500，5 000，10 000 m 跑步。他们用速尿使运动员体重减少 2%，血容量下降 11%。各种距离的跑步项目，运动能力都下降了，只是长距离（5 000，10 000 m 下降 5%）比短距离（1 500 m 下降 3%）下降程度更大。脱水（相当体重的 3%）对 2 000 m 划船的影响研究中，结果是低水合比正常水合时慢 22 s，力量下降 5%。

3. 脱水使运动员更容易疲劳

通过自行车测力计来研究低水合对运动能力的负面影响。在两个实验中，志愿者分成补水和不补水两组，蹬车 55~60 min 后立即测量其运动能力。一个实验中以 90% 最大摄氧量强度蹬车时，补水组发生疲劳的时间比不补水组长 51%（6.5：9.8 min）。另一个试验中发现，补水组比不补水组蹬车速度快 6.5%。

（二）运动中水、电解质补充

当因出汗导致水和电解质大量流失出现脱水时，会降低机体体温调节的能力，肌肉耐力和力量也会随之下降。冯炜权等总结（表 3.6）认为，在以下情况中需特别注意补水，以预防疲劳的发生，防止运动能力下降。

表 3.6　运动员需要补液的情况

环境条件	判别指标
脱水：高温环境	＞ 30 ℃
高体温	＞ 39 ℃
高湿度	＞ 80%
高辐射	太阳光、雪水、水泥墙辐射
空气不流通	无风或者微风
高排汗率	＞ 2 L/h 风
运动强度和时间	＞ 75% 最大摄氧量，1 h
体脂过高	＞ 25% 体重
水下运动	密闭舱中
高原	＞ 1 500 m
限制饮水	举重、摔跤、拳击、健身等

（引自冯炜权，1997）

1. 合理的补水方法

运动员水的供给量应以补足失水量以保持水平衡为原则。补水的同时适当补充盐，目前，多补充低浓度的糖—电解质溶液。综合目前研究，认为结合运动前、中、后补水可以达到最佳效果。

①运动前。运动前30 min补水300~500 mL，可减少体温升高，延缓脱水发生；运动员在运动中会感到比较舒适；赛前补水，能够减轻途中的脱水程度。

②运动中。运动中补液一般是不够的，同时还会受到比赛规则和比赛条件的限制；在不同的项目和运动强度下，补液后的胃肠反应也是必须考虑的因素；在长时间耐力运动中，每隔15~20 min补液100~300 mL，但每小时补液总量不宜超过800 mL，否则，会因为吸收不了而出现恶心、呕吐现象。

③运动后。运动后补液，应该遵循少量多次的原则。如果饮水过多，容易增加心、肾负担，并影响食欲。此时的补液应以糖—电解质溶液为主，可以帮助血浆容量尽快恢复。如果只是补充凉开水，容易引起尿量增加，反而延缓身体复水和体内电解质的平衡过程。要达到机体短时间内（＜6 h）完全复水，通常需补充体液流失量1.5倍的液体，同时液体中应含有一定量的电解质，特别是氯化钠，以补充运动中通过汗液丢失的盐分。

2. 补充水、电解质的饮料

运动散热的主要方式是汗液，大量出汗导致的脱水会不同程度地损害运动能力，并会增加热疾病发生的危险性，补充糖—电解质饮料可以改善运动能力，使用运动饮料进行补充是最佳选择。运动饮料中的电解质主要是钠离子和氯离子。运动饮料的定义为：营养素及其含量能适应运动或体力活动人群的运动生理特点，能为机体补充水分、电解质和能量，可被迅速吸收的饮料（GB 15266—2009），并规定了理化指标和维生素添加剂标准，见表3.7。

表3.7　运动饮料国家标准理化指标

指标项目	可溶性固形物 / （g・100 mL^{-1}）	钠 / （mg・L^{-1}）	钾 / （mg・L^{-1}）	V_c / （mg・L^{-1}）	V_{B1} / （mg・L^{-1}）	V_{B2} / （mg・L^{-1}）
指标标准	3.0~8.0	50~1 200	50~250	＜120	3~5	2~4

运动中补液的目的是为了保持和提高运动能力，运动饮料提供糖类、水和电解质。还要考虑饮料的风味、口感，它不但影响运动员饮用该饮料的数量，还影响运动员对该饮料的喜爱程度。饮用低浓度的糖—电解质溶液比单独补水的效果好，最佳的钠离子浓度为40~60 mmol/L，可以促进水的吸收和维持血容量。长时间运动时补钠可以补充汗液中钠的流失，维护血钠浓度和血浆渗透压。

运动性低钠血症

在长时间、长距离的运动中发生的低钠血症，称为运动性低钠血症（exertion blood hyponadium）。有症状的低钠血症可见于马拉松、超长马拉松、公路自行车、军事训练以及一些娱乐活动。在体育活动中，发生低钠血症的症状严重程度与血清钠离子浓度降低的程度和速度有关，表现为恶心、呕吐、头痛，甚至抽搐、昏迷。如果低钠血症是经过数小时缓慢形成，一般很少导致脑水肿，也较少出现严重不良症状。长时间运动产生的低钠血症，主要原因是在多个小时内，在大量出汗的情况下过量饮用低渗透压液体，钠的损失不能得到补充，因此属于稀释性低钠血症。饮用含盐饮料或食用含盐食物可以预防运动性低钠血症。

1.人体运动中为什么体温会升高？人体如何在运动中进行体温调节？

2.运动饮料国家标准中，为什么要含有这些成分？每一种成分都在运动中起什么作用？

在运动中，人体通过体表蒸发汗液，是调节运动中体温升高的主要途径。特别是在长时间大强度运动中，随着汗液的蒸发，伴随体内水分和大量电解质丢失，造成运动脱水和电解质特别是钠和钾大量丢失，降低肌肉力量，降低运动能力；在炎热高湿度的环境中运动，脱水和电解质紊乱会发生得更快，并易造成中暑；长时间的运动还会由于钠的大量丢失诱发"运动性低钠血症"，危及生命。因此，在训练和比赛中，运动员应该养成习惯，规范地补充运动饮料。

通过这一章知识内容的学习，我们初步了解了运动中骨骼肌内能量生成的基本过程，包括 ATP-CP 系统、糖酵解系统（合称无氧代谢供能系统），糖有氧氧化系统、脂肪有氧氧化系统（合称有氧代谢供能系统），不同的能量供应方式主要取决于运动强度（包括肌肉力量大小、肌肉收缩速度）和运动时间，与肌纤维动员类型密切相关，无氧代谢供能主要发生在快肌纤维，有氧代谢供能主要发生在慢肌纤维。在各种运动方式的实际运动中，各种能量供应方式均在运动中起重要作用，区别主要在于分别在不同的强度和时间内所起作用的比例不同，因此在实际运动中是连续的供能过程。

运动中伴随能量生成与释放，骨骼肌有大量热量释放，通过血液循环散发，最后主要以出汗的方式散发热量，造成体内水分大量丢失，同时伴随大量电解质特别是钠离子的丢失，维持体内水分和电解质平衡是维持内环境稳定、保持运动能力、减轻运动疲劳的重要生理机制。

维生素在运动训练中与心脏、大脑、骨骼肌等器官中的能量代谢和物质代谢密切相关。特别是 B 族维生素和维生素 C 直接参与运动中骨骼肌内的能量代谢，相关内容可以通过查阅资料进一步学习。

需要说明的是，运动中，通过大脑运动皮层甚至心理意志的作用，调节、维持或加强运动神经元的活动，运动神经元则决定了动员募集的肌纤维数量和肌纤维收缩频率的动态变化，从而调节、维持或加强肌肉的力量。这一复杂的神经过程，对运动中能量消耗的速率、总能量消耗起决定作用；相应地，运动中人体的呼吸和氧供应、肾上腺素和皮质激素等运动中促进能量生成的激素与神经作用协调，调节运动中能量的生成方式和供能速率，整合能量代谢系统，使不同的能量代谢系统相互促进，而非单独起作用，如肌酸 - 磷酸肌酸代谢供能系统促进糖酵解系统的供能，糖酵解代谢供能系统的产物可以激活有氧氧化系统，肌酸 - 磷酸肌酸代谢供能系统通过能量运转促进有氧氧化代谢供能系统的供能。另外，运动中肌肉内蛋白质分解增多，包括收缩蛋白质成分和其他功能性蛋白质成分，虽然其中某些氨基酸如枝链氨基酸可以通过三羧酸循环分解产生能量，但是在正常情况下其提供的能量只是总能量消耗的极少部分，因此一般不考虑蛋白质在运动中的供能。

在运动后人体的恢复中，能源物质特别是磷酸肌酸和肌糖原再合成、蛋白质的恢复合成以及其他多种生理机能的恢复和细胞内环境平衡的恢复和提高，均需要消耗能量，肌肉中这些能量一般大部分来自于脂肪酸的有氧氧化，其他器官中主要来自于葡萄糖（从血液中摄取）

的有氧氧化,这是运动生理学中提到的"运动后过量氧耗"的主要原因。同样,胰岛素在运动后恢复中促进各个器官包括骨骼肌组织从血液中吸收各种营养物质(葡萄糖、氨基酸、脂肪酸、维生素等),用于能源物质和蛋白质的恢复合成,促蛋白质合成激素主要是雄性激素(如睾酮)以及生长激素促进运动后蛋白质的恢复合成和超代偿。这些是激素在运动后对物质合成代谢恢复的调节作用的重要表现。

学习这一章的知识内容后,可以结合前两章的内容进行回顾,进一步加深对相关内容的理解。同时,也为后面章节的知识内容学习奠定了基础。

练习题

一、名词解释

1. 磷酸原

2. 糖酵解

3. 超代偿

4. 糖的有氧分解代谢

5. 脂肪动员

二、填空题

1. 人体肌肉内存在 3 种不同类型的能量生成方式＿＿＿＿＿、＿＿＿＿＿＿和＿＿＿＿＿＿,供能过程消耗的主要底物分别为＿＿＿＿＿、＿＿＿＿＿和＿＿＿＿＿。

2. 骨骼肌在运动过程中的直接能量供应者是＿＿＿＿＿＿。

3. 磷酸原系统供能可维持最大强度运动的时间是＿＿＿＿＿;糖酵解功能系统是最大强度运动时间范围为＿＿＿＿＿＿的最主要供能方式。

4. 运动员的无氧代谢调节包括 3 个方面:＿＿＿＿＿＿、＿＿＿＿＿和＿＿＿＿＿＿。

5. 脂肪有氧氧化分解代谢可以分为 5 个步骤:＿＿＿＿＿＿、＿＿＿＿＿、＿＿＿＿＿、＿＿＿＿＿和＿＿＿＿＿。

6. 糖酵解的终产物有＿＿＿＿＿＿＿＿＿＿＿、＿＿＿＿＿＿＿＿＿＿＿。

7. 糖有氧氧化的终产物有＿＿＿＿＿＿＿＿＿＿＿、＿＿＿＿＿＿＿＿＿＿＿
和＿＿＿＿＿＿＿＿＿＿＿。

8. 人体内糖的存在形式有＿＿＿＿＿＿＿＿＿＿＿、＿＿＿＿＿＿＿＿＿＿＿
和＿＿＿＿＿＿＿＿＿＿＿。

9. 汗液的主要成分与细胞外液相同，主要是＿＿＿＿＿＿＿＿＿＿＿
和＿＿＿＿＿＿＿＿＿＿＿。

10. 运动中补充的运动饮料主要含有＿＿＿＿＿＿＿＿＿、＿＿＿＿＿＿＿＿＿
和＿＿＿＿＿＿＿＿＿＿＿，补充的目的是为了保持和提高运动能力。

三、问答题

1. 举例说明运动训练能否提高磷酸原供能系统能力并解释原因及
其调节过程。

2. 糖原的储备和恢复是决定运动员无氧代谢能力的关键环节，在
实际训练和比赛中，运动员应该如何做才能提升糖原的储备量及其恢
复能力？

3. 试比较 100 m 运动员和马拉松运动员在比赛过程中身体能量供
应方式的异同点。

4. 为什么补充肉碱在一定程度上可以达到节省肌糖原的目的？

5. 为什么说运动员乳酸清除能力的提高可以缓解疲劳和提高运动
成绩？

6. 影响运动时脂肪供能的因素有哪些？

7. 简述运动后糖原的恢复规律。

8. 简述失水对运动能力的影响。

9. 论述运动中水盐代谢与体温调节的关系。

第四章
力量和速度、耐力训练与适应的生物化学基础

【学习任务】

　　力量、速度训练中肌肉产生较大的力，用于克服大阻力或者在较大阻力下快速收缩，运动时间较短，能量供应以无氧代谢供能为主，训练方法中应充分调动无氧供能系统产生能量，并在运动后刺激肌肉壮大，产生的适应特点主要是无氧供能系统供能能力提高，肌肉蛋白质合成增多。可以通过血乳酸测试反映运动中无氧供能能力。耐力训练中肌肉产生的力相对较小，但是运动时间较长，能量供应以有氧代谢供能为主，无氧阈运动强度下有氧代谢供能能力达到最高，产生的适应特点主要是心血管系统供应血液和氧的能力提高，肌肉线粒体数量和有氧代谢系统供能能力提高。运动疲劳的因素十分复杂，其生化变化机理还在不断深入研究之中，神经—肌肉疲劳链和神经—内分泌、免疫系统和代谢网络疲劳理论从整体上总结了目前关于运动疲劳环节的生化机理。机体对运动训练的恢复和适应是保持和调节人体全身机能稳态的系统性问题，其中人体物质和能量代谢能力的提高是基础之一，表现为蛋白质合成增加、能源物质超代偿恢复、能量生成的酶活性的提高、线粒体数量增加等。上述运动代谢是运动营养的生化原理和实践应用的基础。运动疲劳的规律和适应的规律是制订训练计划的重要基础。

【学习目标】

1. 了解力量和速度训练中能量供应的特点。
2. 掌握和应用无氧低乳酸训练中能量供应系统能力生化原理。
3. 掌握和应用高乳酸重复训练中能量供应系统能力生化原理。
4. 理解力量和速度训练适应的生化机理。
5. 了解并应用力量和速度训练中营养的消耗特点和运动后营养补充的生化原理。
6. 掌握耐力训练中能量供应系统的供能特点。
7. 理解耐力训练适应的生化机理。
8. 掌握并应用乳酸阈训练的生化原理。
9. 掌握多种不同特点的耐力训练中能量的供应特点。
10. 综合分析实际的运动训练实践中，同一运动项目多种训练方法中不同的能量代谢特点。

在运动中，骨骼肌通过分解能量物质产生能量，并用于骨骼肌的收缩，进而产生作用于骨骼的力，身体不同部位的骨骼肌作用于骨骼的力有多种形式和特点，使全身各环节在运动中保持协调和相对稳定。我们一般习惯性地按照肌肉用力的大小，将运动训练强度分为最高强度训练、高强度耐力训练和耐力训练。

从不同的角度来看，人体运动中力量的特点和性质多种多样，有多种描述表达方式，如爆发力、快速力量、速度力量、耐力力量、速度耐力力量等，可以参考其他学科如运动生理学、运动训练学，以及运动专项训练的专著。按照运动中肌肉内能量代谢的特点，可以直观简要地把肌力训练分为力量和速度训练及耐力训练。但是，力量和速度训练及耐力训练的含义并不仅限于肌力的训练，是全身各器官在中枢神经系统的支配和调节下，产生综合协调的效果。

力量和速度训练包括发挥最大肌力以对抗阻力，或者肌肉以尽可能快的速度收缩产生快速的环节运动，运动的特点是运动时间较短，肌肉产生的绝对力量较大，包括常见的克服大阻力的运动如举重等典型力量项目，以及克服较大阻力的快速运动如短跑等典型的速度项目，运动中肌肉的能量供应以无氧代谢供能系统为主。

耐力训练包括运动中肌肉产生的力量相对较小的运动，运动的特点是运动时间相对较长、运动环节的速度相对较慢，包括长跑、马拉松等典型的耐力项目，运动中肌肉的能量供应以有氧代谢供能系统为主。

当然，还有很多的运动项目中，运动中既有典型的力量和速度性的运动，也有典型的耐力性的运动，如很多非周期性的集体项目；也有一些周期性的运动项目如中距离跑（800，1500 m）等，运动中肌肉兼有大力量、快速度和长时间耐力力量的特性，运动中能量供应来源中无氧供能系统和有氧供能系统都占有较大比重。同时，任何项目的运动员都会根据专项能力素质发展的需要，对不同的肌群进行力量训练、耐力训练以及中间类型的多样化训练。

由于实际运动实践中肌力特点的复杂性，为了便于学习运动训练中物质与能量代谢和产生的适应特点，我们将其简化为力量和速度训练、耐力训练，中间各种类型运动中物质与能量代谢和适应特点一般介于两者之间，我们可以在具体项目中再进一步深入了解。我们先简要回顾骨骼肌力量生成的过程，并在此基础上学习力量和速度、耐力训练中骨骼肌内的能量和物质代谢的特点与适应。

在第三章的学习中，了解了运动中的能量供应系统，在此基础上，这一节学习力量和速度、耐力训练中的物质代谢能量供应，可以简要地概括为运动时物质与能量代谢的两个过程和 4 个系统。具体情况主要取决于运动强度及运动强度的变化，如图 4.1 所示。

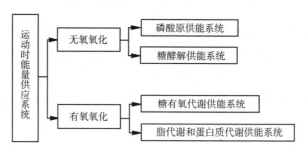

图 4.1　运动时物质与能量代谢的两个过程和 4 个系统

一、运动中能量是连续释放的过程并与运动强度紧密相关

如图 4.2 所示，包括 3 个随运动强度而变化的转折区，分别称为糖阈、无氧阈或乳酸阈、磷酸肌酸阈。

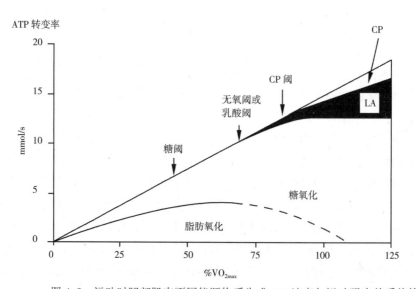

图 4.2　运动时腿部肌肉不同能源物质生成 ATP 速率与运动强度关系估算

1. 糖阈

处于安静或轻度活动时，人体主要消耗脂肪供能，随运动时能量需求大于脂肪供能输出功率，也即运动负荷超过 30%~50%VO_{2max} 时，糖氧化功能明显增加，这一转折点称为糖阈。当运动强度在糖阈之下，如慢跑、日常生活活动和其他低强度体力活动中，脂肪和糖都参与供能。

2. 无氧阈或乳酸阈

当运动负荷达到 55%~75%VO_{2max} 时，运动时能量需求大于脂肪供能和糖氧化供能产生的输出功率，则通过糖酵解途径供能迅速增加，这一转折点称为无氧阈或乳酸阈。如 400~800 m 跑等持续 2~3 min 的高强度运动。

3. 磷酸肌酸阈

当进行 85%~95%VO_{2max} 的最高强度运动时，一方面运动时能量需求大于糖酵解供能产生的输出功率；另一方面由于乳酸的大量生成使肌肉细胞内〔H^+〕持续增加而抑制糖酵解，此时肌肉中则启动磷酸原供能系统，以维持和适应最高强度运动对能量和功率的需求。这一转折区称为磷酸肌酸阈。

根据运动时运动负荷和运动时间的特征，进一步把机体运动时的物质和能量代谢类型进行细分，并与运动项目相对应，形成不同运动项目训练中制订训练计划的基础依据，如图 4.3 所示。

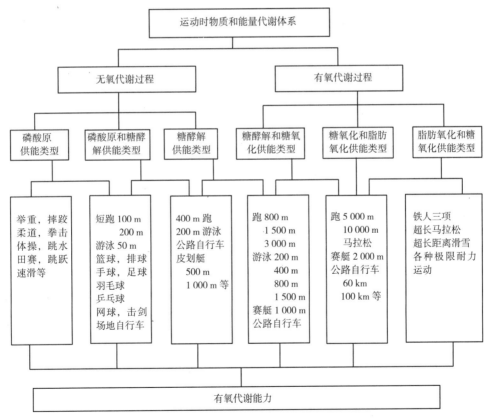

图 4.3　运动时物质和能量代谢过程与各运动项目的分布

　　伟大的牙买加运动员博尔特，在 100，200，400 m 跑中，均有惊世骇俗的表现；我国著名女运动员邢慧娜在 1 500，5 000，10 000 m 跑中均有世界级的成绩。但是他们在不同项目中的运动速度节奏有很大差别，自然他们运动中的能量供应特点也有明显区别。请查阅资料，对他们的运动表现细节及与其他不同水平的运动员进行比较，你能发现什么吗？

二、利用运动时物质和能量代谢的规律，提高训练的针对性和训练效果

（一）在发展既定供能系统能力的训练中，严格控制运动强度和运动时间

　　参考表 3.1 和表 4.1，不同时间最大强度运动中供能代谢的分布比例是不一样的。

表 4.1　不同时间最大强度运动时供能代谢的分布

最大强度运动时间	能量输出 /kJ		总量	分布关系 /%	
	无氧氧化	有氧氧化		无氧氧化	有氧氧化
10 s	83.6	16.7	100.3	87	13
1 min	125.4	83.6	209.0	60	40
2 min	125.4	188.1	313.5	40	60
5 min	125.4	501.6	627.0	20	80
10 min	104.5	1 024.1	1 128.6	9	91
30 min	83.6	2 821.5	2 905.1	3	97
60 min	62.7	5 016.0	5 078.7	1	99

（二）发展运动中能量供应系统能力素质的训练方法

1. 提高磷酸原供能系统供能能力素质的训练（对应于最大力量和最高速度能力）

　　提高磷酸原供能系统供能能力素质的训练，又称为无氧—低乳酸训练，其训练原则为：

　　①最大速度或最大力量的训练，练习时间以不超过 10 s 为宜。

　　②两次动作训练的间歇时间不短于 30 s，60~90 s 的间歇具有较好的训练效果。

　　③两组训练练习的间歇不短于 3 min，3~4 min 的组间休息间歇是磷酸原物质恢复的最短时间。

　　两次动作训练的间歇时间不短于 30 s，是发展磷酸原供能系统训练的关键因素，如图 4.4 所示显示，休息时间过短，则糖酵解供能增加（血乳酸增加）。

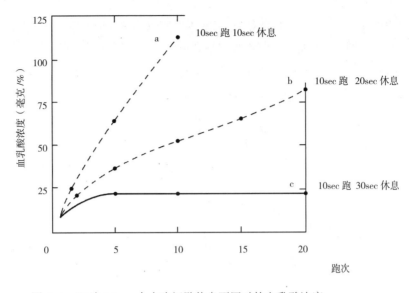

图4.4　20次10sec全力跑间歇休息不同时的血乳酸浓度

2. 提高糖酵解供能系统供能能力素质的训练

①最大乳酸训练法。采用运动时间为1~2 min，两次运动之间间歇1~4 min（强度越大间歇时间越长）、多次数（10~20次以上）或每组4~6次运动、组间间歇2~5 min（强度越大间歇时间越长）的多组数间歇练习，使机体乳酸达到最大堆积，提高机体乳酸耐受能力，从而提高机体最大糖酵解供能能力的训练方法，称为最大乳酸训练法。如图4.5所示为最大乳酸训练法中血乳酸浓度的持续升高。

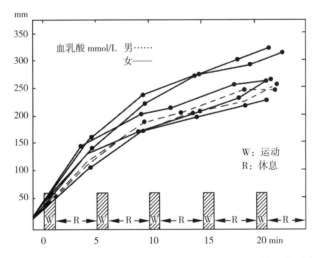

图4.5　5次1 min极量运动，间歇休息4 min后的血乳酸变化

需要注意的是，在间歇期和训练后要采用低强度训练积极恢复的方法加速血乳酸的消除。对于提高中距离项目和长距离项目中的速度能力，最大乳酸训练法是有效的训练方法。

②乳酸耐受力训练法。采用 1~1.5 min 超负荷的最大运动强度和 4~5 min 休息间歇的多次重复性训练，使每一次练习中血乳酸均达到最高值，通过休息间歇消除产生的乳酸，使之不会产生积累的训练方法，称为乳酸耐受力训练法。适用于中长距离项目提高速度耐力，训练中血乳酸保持在 6~12 mmol/L，又称为强化间歇训练，如图 4.6 所示。其中图 4.6 下部为较低血乳酸浓度的乳酸耐受力训练，又称为乳酸阈上间歇训练，对应于一般速度耐力，相应地练习的重复次数较多，应根据实际项目的特点选择使用，如马拉松项目，或者较低训练水平的运动员使用。

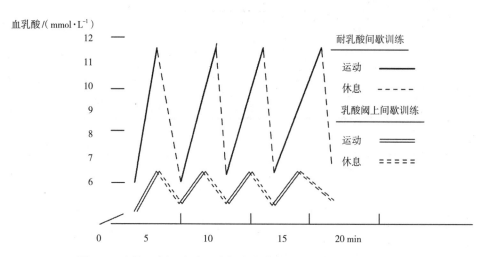

图 4.6　中长距离运动项目耐乳酸和乳酸阈上间歇训练的乳酸浓度

表 4.2　我国自行车成年运动员无氧训练强度特点与训练监控

	常用方法	每次负荷时间 /min	间歇时间 /min	乳酸 /(mmol·L^{-1})	负荷心律 /(次·min^{-1})	间歇心率 /(次·min^{-1})
最高乳酸训练	间歇训练	1~2	3~7	> 15	最高心率	< 140
乳酸耐受能力训练	间歇训练	1~5	3~15	10~12	最高心率	< 110

最高血乳酸训练要求每组以最大强度运动 1~2 min，间歇时间是负荷时间的 2~4 倍，优秀短距离运动员动员较快，第二组负荷后就可达到本人的最高血乳酸浓度，一般水平的运动员在第四组负荷后可以达到乳酸峰值。

在以乳酸耐受能力为目的的间歇训练中，为防止乳酸值过分升高，疲劳过早出现，后面负荷的间歇时间往往较前面负荷的间歇时间长。另外，上述规律可能不适用于青少年运动员。

3. 提高有氧供能系统供能能力素质的训练

乳酸阈（无氧阈）强度训练法如下：

在运动中，血液中的乳酸浓度是乳酸不断由肌肉进入血液和离开血液不断被其他组织吸收这一过程平衡的结果。在递增负荷运动中，随着运动强度的加大，当血乳酸浓度达到 4 mmol/L 时，所对应的运动强度（以对应的最大摄氧量百分比、运动速度、输出功率等来表示运动强度）称为乳酸阈强度。此时机体由以有氧代谢供能为主转向无氧代谢供能迅速增加的临界转折点。在训练中通过测试血乳酸浓度，找到与 4 mmol/L 血乳酸浓度对应的运动强度，并以此强度进行的训练称为乳酸阈（无氧阈）强度训练法，可以有效地提高机体的有氧代谢能力。如图 4.7 所示运动中血乳酸随运动强度和对应的乳酸阈运动强度变化。

随着运动员机体对训练强度的适应和运动能力的提高，运动员个体乳酸阈强度会发生变化，需要定期（4~6 个月）测试确定。大量研究证明在乳酸 4 mmol/L 时运动员的跑速与耐力高度相关，故乳酸阈强度训练就成为提高耐力素质的重要训练方法。

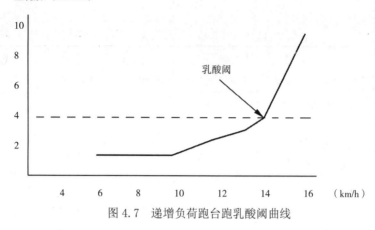

图 4.7　递增负荷跑台跑乳酸阈曲线

个体乳酸阈

4 mmol/L 的乳酸阈并未考虑运动时乳酸动力学的个体特点，忽略了机体的个体差异性，应根据运动时和运动后血乳酸动力学的特点求出每个运动员的乳酸阈值，称为个体无氧阈。个体无氧阈值范围为 2.1~4.6 mmol/L，更能准确反映机体有氧代谢能力。个体无氧阈强度训练，可以因人而异地发展机体的有氧代谢能力。

一般认为，血乳酸浓度的大小是反映活动肌肉内乳酸生成、血液间乳酸弥散率和消除率相差的结果，当血乳酸的消除率等于生成和弥散率时，这时的运动强度可视为个体无氧阈强度值（tE_m）。当强度增加时，血乳酸浓度增加，在运动结束时达到最大（A），但在运动后恢复期中血乳酸消除率增加而使血乳酸下降，在下降中存在一点与 A 平行相交的血乳酸值（B）；在 A 与 B 间相连成平行线，从乳酸动力学变化可推算出个体无氧阈值，在 B 和血乳酸曲线切点处（C）（图 4.8）。计算方法为：

$$dn(t)/dt = M_c \cdot \Delta C = E_m$$

$$dn(t)/dt：弥散率$$

M_c：弥散常数

ΔC：运动肌与血液乳酸浓度的梯度

E_m：弥散率

当最大弥散率＝消除率时，即为个体无氧阈值，在运动后，弥散率函数逐渐降低，当消除量 E_m（$tA-tB$）时，等于弥散量。则

$$dn（t）/dt = E_m + M_c \cdot E_m（tB-tA）$$

M_c 为弥散常数，用 1 mmol/L 乳酸梯度弥散量的增量，即分钟 –1（1/dt）代入上式：

$$dn（t）/dt = E_m（tB-tE_m）$$

E_m（$tB-tE_m$）是从 B 到乳酸弥散曲线上的切点，从而求出个体乳酸阈值，这个值不受测定负荷强度的影响。

在测定个体无氧阈时，必须采用逐级递增负荷，用不同功率计或在运动场上的取血时间见表 4.3。

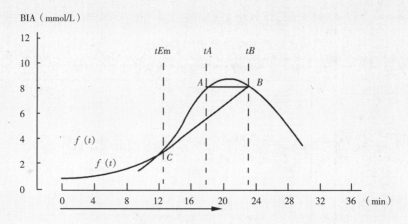

图 4.8　递增负荷运动时血乳酸动力学（引自 Ste g mann，1981）

表 4.3　递增负荷测定个体无氧阈的方法

功率计	性　别	起始功率	递增负荷	取血时间
跑台	男 女	3.0 m/s 2.5 m/s	0.5 m/s	1. 安静时 2. 每级负荷后即刻 3. 最后一级负荷及恢复期的 2，5， 10 min
自行车	男 女	50 W	50 W	
田径场	男 女	8 km/h	2 km/h	

将负荷数值和时间作横坐标值，以各血乳酸值为纵坐标值，用曲线板平滑坐标上各血乳酸值的点，绘出血乳酸动力学变化曲线，从 A，B 值求出 C 点值，即为个体无氧阈。

乳酸阈在耐力训练中的应用

1. 长跑和超长距离跑耐力训练

在耐力训练中，血乳酸是评定耐力的敏感指标，在训练开始时，提高耐力和 VO_{2max}、心率的相关性较高，但随着训练水平提高，用血乳酸来评定时灵敏度就更高了。一般人在耐力训练 4~16 周后，VO_{2max} 提高 7%，血乳酸变化为 16%。在优秀运动员中，训练 14 周后 VO_{2max} 没有变化，但血乳酸变化为 5%，其他受试者的变化也一致。可见，血乳酸指标是比较敏感的。血乳酸和耐力的相关性比最大摄氧量高（表 4.4），而且血乳酸指标还有它的优越性，采血后可现场报告结果，利于教练员掌握训练过程。故当前血乳酸在评价耐力训练负荷强度和专项训练要求中是最常用的指标。

表 4.4　各项耐力性运动时血乳酸和最大摄氧量（VO_{2max}）和耐力的相关性

运动项目	相关性	
	VO_{2max}	血乳酸
42.2 km 跑	0.91	0.98
19.3 km 跑	0.91	0.97
15.0 km 跑	0.89	0.97
9.7 km 跑	0.86	0.96
3.2 km 跑	0.83	0.91
90 km 跑	—	0.93
10 km 跑	0.75	0.84
0.2 km 跑	0.49	0.84
5.0 km 跑	0.46	0.95
竞走	0.62	0.94
30 km 跑	0.74	0.76
21.1 km 跑	0.81	0.88

（引自 Gledhill，1992）

2. 乳酸阈与其他指标的结合应用

血乳酸积累起点（OBLA）和体力感知度（ratio of perceived exertion，RPE）相结合：在进行有氧代谢训练时，在运动场上可将血乳酸测定和主观感觉结合起来掌握运动强度，当血乳酸超过 4 mmol/L 时，受试者的主观感觉又达到体力感知度值 6 时，说明运动强度过大（图 4.9、图 4.10）。

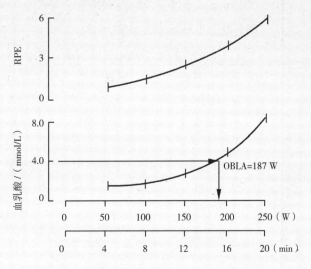

图 4.9　递增强度负荷时 OBLA 和 RPE 的关系

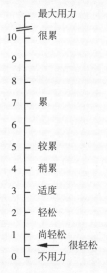

图 4.10　体力感知度（RPE）示意图

血乳酸和心率相结合：血乳酸在 4 mmol/L 时的心率简称小时 4，小时 4 训练是指运动强度达血乳酸 4 mmol/L 时的心率。因此，在测定乳酸阈的同时，要测定心率，以找出小时 4 的值。在训练课中以心率来掌握血乳酸 4 mmol/L 时的训练强度，就不用在每次训练课中都测血乳酸。但经过一个训练阶段后便要重新测定，以了解训练对乳酸阈的影响来评定训练效果。如运动员在训练季度开始时的小时可能是 160 次 / min，经过一个阶段训练后，可改变为 170 次 /min。表 4.5 是我国划船运动员的小时 4 值。

表 4.5　划船运动员 LAT（血乳酸达 4 mmol/L）时的心率

项　目	例数	心率 / (b·min^{-1})	负荷方式
划船	25	138.2±15	功率自行车
男赛艇	14	153.5±6.5	功率自行车
女赛艇	16	162.0±14.2	功率自行车
男皮划艇	6	154.3±7.1	功率自行车
划船	25	167.0±10.2	功率自行车
青年男赛艇	18	179.6±12.4	划船测功仪
青年女赛艇	22	181.9±8.06	划船测功仪

3. 游泳的耐力训练

在耐力训练中监测有氧代谢强度时，血乳酸非常重要，因为游的速度太快时，体内无氧代谢所占比例加大。血乳酸增多，对有氧代谢能力训练效果就差；但游速太慢，也收不到预期的训练效果。不同运动员的身体代谢能力也不同，不能在训练中用同一强度进行训练。如图 4.11 所示，A，B 两名运动员的有氧代谢能力不同。A 和 B 的 V_4 速度（V_4 pace）（即血乳酸为 4 mmol/L 时的速度）不同，A 要赶上 B 和 V_4 速度，血乳酸值则需要 7 mmol/L。如按这强度训练，其强度会过大而不能坚持训练。因此，应当测定个体无氧阈，但精确测定个体无氧阈有一定困难，Mader 等提出了一个粗略划定个体无氧阈的办法，就是根据一般测定 V_4 速度的方法，因为有氧代谢能力越好，V_4 速度越快，这时血乳酸值就越低。

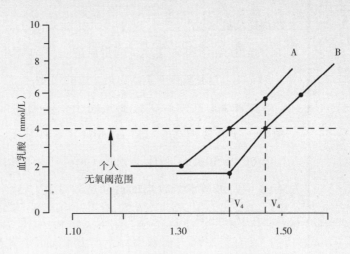

图 4.11 A，B 两运动员血乳酸曲线比较

在 100，200，400 m 游泳训练中，如间歇时间为 10 s，30 s 时，连续游百米的平均时间，根据血乳酸数值可分 4 种强度安排（表4.6）。

表 4.6 游泳耐力训练的强度与成绩的换算

距 离	间歇 /s	强度 /min			
		强度 1	强度 2	强度 3	强度 4
100 m	10	1：12.5	1：10.6	1：08.6	1：08.0
	30	1：11.0	1：09.1	1：07.2	1：06.3
200 m	10	2：27.8	2：24.4	2：20.6	2：18.4
	30	2：25.8	2：22.4	2：18.6	2：16.8
400 m	10	4：55.0	4：51.0	4：44.2	4：42.5
	30	4：55.6	4：49.8	4：44.2	4：38.2
连续游 20~45 min		百米平均时间		1：11.4	1：09.6

强度 1：低于中等强度，能量供应主要来自脂肪酸，因此血乳酸值为 1~2.5 mmol/L，主要用于乳酸无氧阈强度训练后的恢复。

强度 2：中等速度，能量供应主要依靠脂肪酸和糖原，训练时血乳酸值为 1.5~2.5 mmol/L。这种强度主要用于 3 000~5 000 m 游泳或长距离连续游泳。

强度3：乳酸阈速度，能量供应主要是糖原，训练时血乳酸为2~5 mol/L。这是提高有氧耐力最有效的强度。

强度4：强度较大，能量完全依靠糖原酵解供应。血乳酸值要求比乳酸阈高1~1.5 mmol/L，这种强度用于负荷总量较小（2 000~2 500 m）、休息较长（30~45 s）的练习，这种强度对有多年训练和水平较高的运动员较适宜。

4.自行车运动员的耐力训练

在自行车耐力训练中，先求出4 mmol/L乳酸阈的速度，然后以相当于3 mmol/L和4 mmol/L预测速度骑行10 km，总时间为17~18.5 min，两次骑行间歇1 h，每次试验前，后5 km末停30~60 s，采耳血测血乳酸。教练员按预计时速给运动员报时，实际完成时速与预计时速相差少于±0.7%，运动后血乳酸值见表4.7，说明以血乳酸3 mmol/L时的速度匀速骑行后，男女运动员的实际血乳酸范围为3.9~4.75 mmol/L，前后5 km相差不超过0.25 mmol/L。但以4 mmol/L乳酸阈速度运动时，前后5 km的血乳酸相差0.8 mmol/L。因此，建议以相当于3 mmol/L的乳酸速度作为场地自行车运动一段耐力训练的有效强度，以4 mmol/L或大于4 mmol/L的速度作为有氧无氧混合训练的强度。

表4.7　低于和相当于4 mmol/L乳酸阈速度的测验

组　别	例数	完成时速/（km·h⁻¹）	预测乳酸浓度/（mmol·L⁻¹）	实测乳酸浓度/（mmol·L⁻¹）	
				前5 km	后5 km
男子少年组	6	34.7±0.9	3	4.5±0.8	4.75±0.9
女子少年组	5	32.7±1.4	3	4.0±1.2	3.9±1.3
男子少年组	6	36.2±0.9	4	5.2±1.2	5.6±1.2
女子少年组	5	33.9±0.6	4	5.6±0.9	6.4±1.3

（三）了解运动项目中不同训练手段与能量供应系统的关系是制订训练方法、选择训练手段的基础依据之一

通过符合项目特点的训练手段，可以达到发展专项素质能力的供能系统的目的。表4.8中各种跑的训练手段与发展供能系统的比例，再进一步结合项目和运动员的个体特点，通过总结可以作为训练计划中选择训练手段的重要依据。

表4.8 各种跑的训练方法和发展供能系统的比例

名　称	定　义	发展的比例/%		
		磷酸原	糖酵解	有氧氧化系统
加速短跑	用 40.32~96.77 m 分段加速跑	90	5	5
持续快跑	快步长距离跑（或游泳）	2	8	90
持续慢跑	慢步长距离跑（或游泳）	2	5	93
间歇短跑	40.32 m 快跑与 48.39 m 慢跑交替，跑的总距离为 24 154.59 m	20	10	70
间歇训练	重复周期性工作，两次重复之间安排一个休整期	10~30	30~50	20~60
慢跑	持续慢步跑或走，总距离在 16 km 以上	—	—	100
重复跑	与间歇训练类似，但休整期时间比较长	10	50	40
速度游戏	在自然条件下交替进行快跑和慢跑	20	40	40

知识拓展

自行车项目的专项供能

场地自行车项目比赛中能量系统的专项供能特点见表4.9。表中项目中不同能量系统的供能比例数据是基于运动员在比赛中动用其最大的有氧和无氧能力，这些数据在发表的文献中出入比较大，在男子 4 km 个人追逐赛也有学者认为无氧供能 20%~30%，有氧供能占 70%~80%，女子 3 km 个人追逐赛中无氧供能 25%，有氧供能 75%；在小于 4 km 的项目中出入更大，如有学者认为 1 km 项目中无氧与有氧供能分别是 70% 和 30%，也有学者认为分别是 95% 和 5%，最新的研究则认为分别是 50% 与 50%；作者倾向于认为男子 1 km 中有氧与无氧供能各占一半左右，这些有待于今后进一步研究。表 4.10 是

Burke 发表的研究结果，与表 4.9 有出入，在这里也列出，供比较参考，表 4.11 是自行车无氧训练强度分类和有氧训练强度分类，可以作为实际训练中选择训练方法的参考。场地计分赛中比赛后男女运动员的血乳酸值一般均大于 10 mmol/L，最高可达到 15~16 mmol/L，实际上在世界高水平的场地计分赛中运动员一直保持较高的骑行速度，在冲刺圈前 1~2 圈即开始高速骑行，更重要的，运动员进行的战术脱圈以求得得分的绝对优势更需要运动员有非常强的无氧糖酵解供能能力，因此糖酵解无氧供能在场地计分赛中取得胜利非常重要。男子奥林匹克竞速赛中，3 名运动员的能量供应特点完全不同，这对于比赛中合理安排运动员的次序非常重要。训练与比赛中磷酸原供能和糖酵解供能与运动员神经活动特点和肌纤维类型密切相关，一定程度上与遗传有关。

表 4.9　场地自行车主要项目比赛中能量系统分配比例

项　目	世界纪录（min：s）	能量系统供能比例 /%		
		磷酸原	糖酵解	有氧氧化
200 m 争先 男 女	0：09.865 0：10.831	40 40	55 55	5 5
奥林匹克竞速 第一棒 第二棒 第三棒	0：44.233	40 30 20	55 60 40	5 10 40
计时赛 男（1 km） 女（500 m）	1：00.148 0：33.952	10 20	40 45	50 35
个人追逐赛 男（4 km） 女（3 km） 团体追逐赛	4：11.114 3：30.816	1 1	14 24	85 75
男子（4 km）	4：00.958	1	24	75

（引自 Crai g 等, sports medicine, 2001：31（7）：458）

表 4.10　不同距离自行车比赛的主要能量系统供能比例

项 目	成绩 （h：min）	磷酸原系统 /%	糖酵解系统 /%	有氧氧化系统 /%
100 km 公路	3：55—4：10	—	5	95
100 km 场地	2：05—2：15	5	10	85
100 km 团体 计时	2：10—2：20		15	85
25 miles 团体	0：52—0：60	5	15	80
10 miles 场地	min:s 20：0—25：0	10	20	70
4 km 个人追逐	4：45—5：05	20	55	25
1 km 个人计时	1：07—1：13	80	15	5
200 m 争先	0：11—0：13	98	2	—

（引自 Burke，1986）

表 4.11　自行车无氧训练强度分类和有氧训练强度分类

无氧训练强度分类						
无氧 训练 类型	最大心率 百分比 /192 bpm%	负荷时间 /min	血乳酸 /(mmol·L⁻¹)	摄氧量百分比 /VO₂max%	自我感觉	参考时速 /(km·h⁻¹)
间歇、 重复 训练	＞92% ＞176	3~5	＞6.5	＞90	难受	42~50
	作用：有利于提高氧的利用率，中距离项目的专项负荷强度，提高 专项能力的核心负荷强度，5~10 km 间歇训练、40 km 内的计时赛负 荷强度					
间歇、 重复 训练	最高强度	1~3	＞10.0 可达＞18	＞94	极其难受	接近最高
	作用：促进短、中、长距离的专项耐力，有利于提高氧的利用率； 提高专项力量，是提高专项能力的核心负荷强度，1~3 km 间歇训练， 公路个人赛的对抗性负荷强度，4 km 追逐赛比赛负荷强度					
有氧训练强度分类						
训练 负荷	最大心率 百分比 /192b /min%	负荷时间 /min	血乳酸 /(mmol·L⁻¹)	摄氧量百分比 /VO₂max%	负荷时的 自我感觉	参考时速 /(km·h⁻¹)

续表

	< 75% < 144	30~75	2.0~2.4	20~60	轻松	< 28
恢复性	作用及意义：准备及整理活动，恢复性训练、间歇训练的间歇段、公路越野赛时的无激烈竞争阶段					
一般性	75%~80%	180~450	2.0~3.0	55~68	舒适	28~33
	作用及意义：有益于最大摄氧量指标的改善，一般耐力、有氧能力的提高、公路个人赛非激烈争夺阶段、恢复期训练					
强化性Ⅰ	80%~88%	90~270	3.0~4.0	68~85	不舒服	33~37
	作用及意义：提高最大摄氧量最有效，是公路个人赛的主要负荷强度					
强化性Ⅱ	88%~92% 168~176	15~60	4.0~6.5	85~90	很不舒服	37~42
	作用及意义：是中长距离个人计时赛（40~80 km）强度、团体计时赛强度、公路越野赛的竞争阶段的强度、5~10 km间歇训练（公路变速训练）的负荷强度；提高氧的利用率					

第二节　力量和速度、耐力训练中疲劳的生化机理

一、运动疲劳的概念

1982年第五届国际运动生化会议上将运动疲劳定义为："身体机能的生理过程不能持续在特定水平和／或身体不能维持预定的运动强度。"

这个定义反映了运动的特点，主要表现在：

①在研究运动疲劳时，要将身体各组织器官的机能水平和运动能力结合起来分析疲劳发生和发展的规律。

②评定运动疲劳要将生理生化指标——心率、最大摄氧量、血乳酸、血尿素、血红蛋白等和运动能力例如在功率计上的输出功率、在运动场上的成绩结合起来。

③运动疲劳应注意其专项特点，如进行 100 m 跑和马拉松跑都存在不能维持预定运动强度（疲劳）的问题，体内生理生化变化不同，和劳动疲劳有根本的区别。

2001 年 Gibson A.S.C 等总结了 20 世纪 90 年代以来运动疲劳的神经机理，提出了中枢疲劳和外周疲劳的区别，认为外周疲劳可定义为"在神经驱动没有变化或增强时骨骼动作电位减弱，或肌纤维蛋白在肌肉收缩时横桥循环障碍或兴奋收缩耦联减弱使肌肉力量下降"；中枢疲劳定义为"神经驱动或神经调控减弱导致力量生成或肌张力下降"。

二、运动疲劳时身体的生物化学变化

1. 运动疲劳时能量物质储备的变化

①如短时间（短于 20 s）运动疲劳的能源物质消耗以磷酸肌酸为主，下降可达 95% 以上。

②在长时间运动（1~2 h）时，以肌糖原消耗为主，消耗可达储量的 90% 以上。

③脂肪在运动时消耗增多，但体脂的储量减少，不是疲劳的因素（表 4.12）。

表 4.12　运动时人体能源储备变化与导致疲劳的主要因素

系　统	储量（mmol/kg·干肌）	短时间运动（＜20 s）	长时间运动（1~2 h）
磷酸原 ATP CP	24.6 76.8	$\downarrow \approx 40\%$ $\downarrow \approx 95\%$ 以上	变化不大 $\downarrow \approx 50\%$
糖酵解 肌糖原	365	$\downarrow$ 小量	小量
有氧氧化 肌糖原 肝糖原	365 80~90	$\downarrow$ 小量 变化不大	$\downarrow$ 75%~90% 以上 $\downarrow$ 90% 以上
脂肪 肌肉 脂库	48.4 $\approx$ 体重 10%~15%	— 变化不大	减少 用之不尽

注：↓：下降　≈：接近

（引自冯炜权，1999）

2. 运动疲劳时出现能量代谢过程紊乱，加重运动疲劳（表 4.13）

①长时间运动疲劳时能量代谢产物氨明显增加，并进入血液，导致物质和能量代谢调节紊乱。血液和组织中的氨生成影响肌肉工作能力；在脑组织中氨生成增多会出现氨中毒症状，表现为运动平衡失调，严重时引起肌肉痉挛；血氨升高也加重肝、肾的负担。

②短时间高强度运动中肌肉内乳酸的大量生成使肌肉中 pH 值下降，抑制糖代谢中的磷酸

果糖激酶活性，使糖酵解供能受阻。

表 4.13　运动疲劳时能量代谢过程紊乱

供能代谢系统		产　物	短时间运动（1~10 min）	长时间运动（1~2 h）
磷酸原		氨（NH_3）	氨（主要来自 AMP）	氨（主要来自 BCAA）
糖酵解		乳酸	15 mmol/L 以上	作用不大
有氧氧化	氨基酸分解	氨、尿素	变化不大	尿素＞7 mmol/L
	脂肪分解	酮体	变化不大	酮体

注：BCAA：支链氨基酸，AMP：一磷酸腺苷。

（引自冯炜权，1999）

3. 运动疲劳时中枢产生的生化变化导致兴奋抑制失调，并导致脑异常症候群

在运动疲劳时，中枢出现 ATP 减少，克 - 氨基丁酸、儿茶酚胺增加，血糖下降等，都会引起兴奋抑制失调。

在运动疲劳时，色氨酸进入脑中过多，生成 5- 羟色胺，造成困倦、嗜睡、食欲减退；肌肉 ATP 大量消耗，导致氨生成，氨会引起脑中毒症状，如运动平衡失调等。

4. 运动疲劳时出现内分泌调节紊乱

运动疲劳时，内分泌调节受到影响，并会短时间发生紊乱。目前研究较多的是下丘脑—垂体—肾上腺轴和下丘脑—垂体—性腺轴激素在运动疲劳时发生的紊乱，如图 4.12 所示。

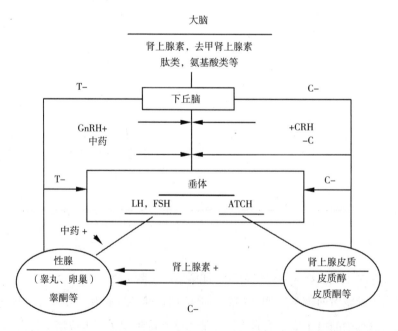

图 4.12　运动疲劳与下丘脑—垂体—性腺 / 下丘脑—垂体—肾上腺皮质轴调节关系
（引自冯炜权，2000）

运动应激的一般规律是首先引起下丘脑—垂体—肾上腺轴活动加强，人体血中皮质醇明显上升，加速分解代谢，以适应运动的代谢需求，同时性腺分泌雄激素减少，合成代谢减弱。运动后，皮质醇分泌减少，雄性激素分泌增多，提高合成代谢，加速身体恢复，从而提高运动能力。

　　短时间运动可引起血清睾酮、皮质醇、催乳素、生长激素和肾上腺素明显升高，血睾酮升高，主要原因在于运动引起肾上腺素增加使睾酮分泌增加。

　　在长时间运动中，运动负荷强度和量度过大时，皮质醇分泌持续增加，对下丘脑—垂体—性腺轴有广泛的抑制作用，对免疫系统也有抑制效应。处于疲劳状态时，睾酮分泌减少。长期大强度训练和一次长时间大强度训练或比赛（如马拉松跑）是造成下丘脑—垂体—性腺轴不同环节不同程度的功能抑制的原因，与运动训练的强度和时间有关，长期大强度训练使血皮质醇持续处于超过正常的高水平，对合成睾酮有抑制作用。

三、运动疲劳机理的生物化学基础

（一）产生运动疲劳的环节因素整体概况：神经 - 肌肉疲劳链

　　运动疲劳的因素十分复杂，其生化变化机理还在不断深入研究之中。在一次运动中和长期训练中，由于运动的强度与持续时间不同，有多种不同的生理过程甚至非生理的意识过程参与了疲劳的发生与调节，因此，运动性疲劳是运动特点决定的。总体来说可以归纳为：

　　①神经中枢对运动中人体主要器官发生的生理变化的控制与调节。

　　②运动中肌肉等外周器官的物质和能量代谢，以及机能的调节与适应性变化。

　　③肌肉等外周器官在运动中的机能变化产生的向中枢的反馈，中枢进行相应的反馈调节。

　　目前的研究，在运动疲劳的整体环节因素中提出了神经 - 肌肉疲劳链等学说，并对外周因素进行了较为深入的研究。如图 4.13 所示，在疲劳链中，一个或几个因素的发生和发展都可以影响肌肉功能而产生疲劳，如运动时肌肉乳酸、H^+ 堆积，血糖下降、肌糖原几乎耗竭等都是运动疲劳链的重要因素。

（二）运动疲劳的机理

　　运动时肌肉疲劳的发生和发展明显依赖于运动时间、强度、运动性质、肌纤维组成、运动员体质水平和内环境等因素，故直接从运动类型特点分析其机理更符合实际。

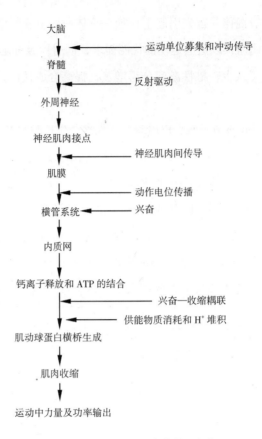

图 4.13　肌肉收缩链的调控和肌肉疲劳的可能机理
（引自 Maclaren 和 Edwards 等，1989）

1. 短时间高强度运动疲劳

主要从兴奋—收缩耦联、电位活动期和不应期、收缩期、疲劳动因的代谢能力、疲劳和电刺激频率等方面阐述肌肉在短时间高强度运动时的疲劳特点。现简要介绍如下：

（1）兴奋—收缩耦联引起疲劳

如图 4.14 所示是肌细胞兴奋—收缩耦联的主要部位，可能是短时间高强度运动疲劳的部位。

疲劳时会因细胞外钾堆积和 / 或钠下降影响膜电位，动作电位下降。肌肉疲劳出现的位点包括肌纤维膜和 t 管膜的去极化，兴奋—收缩耦联的一般过程受损。短时间肌肉疲劳是最高速率的肌紧张下降，并引起细胞外 Ca^{2+} 增加，从而降低肌浆网和 Ca^{2+} 结合蛋白中 Ca^{2+} 的重吸收，可导致肌紧张发生速率下降，这都影响兴奋—收缩耦联，从而影响肌肉力量。

（2）物质代谢能力引起疲劳

高强度运动时，能量需求大于个体的最大有氧代谢功率和需要高水平的无氧代谢，高强度运动疲劳的动因是 ATP 和 CP 下降，同时 Pi（磷酸）、ADP、乳酸和 ［H^+］增加。其间的关系是：

① ATP 和 CP：ATP 是肌球蛋白横桥连接产生力的能源，又是肌膜和 t 管 Na/K 泵维持正常机能的必需。加之，ATP 是肌浆网 ATP 酶的基质，由此需求肌浆网中 Ca^{2+} 的重吸收，这个过

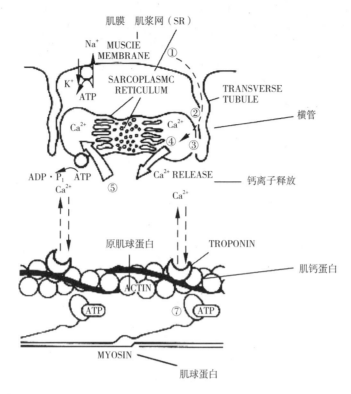

图 4.14　肌肉细胞中兴奋—收缩耦联主要成分图示（Fitts，Metzger，1988）

注：图中数字可能是激烈运动的疲劳部位：①膜表面；②t 管电荷运动；③t 管电荷运动同 SRCa^{2+} 耦联尚不明的机理；④SRCa^{2+} 释放；⑤SRCa^{2+} 重吸收；⑥Ca^{2+} 结合肌钙蛋白；⑦ATP 水解肌动球蛋白生成和横桥力量发生及循环速率。

程被扰乱就可导致疲劳。

在高强度运动时，ATP 浓度下降不是直接引起疲劳的因素，因为在最大强度运动至疲劳时，ATP 下降最多为原水平的 40%，ATP 不可能过多被消耗。CP 被大量消耗（达储量 95%），则在肌肉中浓度降低，可导致疲劳。线粒体中的 ADP 生成和 ATP 供给能量不断消耗，如 ADP 再磷酸化生成 ATP 速率减慢，也可导致疲劳。

②［H$^+$］是运动疲劳的重要动因：在运动疲劳时，肌肉 pH 可降至 6.33，这时导致疲劳的主要因素有：a. 抑制磷酸果糖激酶活性而降低糖分解速率；b. 竞争性抑制 Ca^{2+} 结合肌钙蛋白 C 降低横桥活动性；c. 抑制肌浆网 ATP 酶降低 Ca^{2+} 重吸收和随后的 Ca^{2+} 释放。

Fitts 和 Metzger 总结运动类型疲劳时（1988）认为：短时间高强度运动时的主要机理可能有两个方面：a. 快速肌肉收缩放松平衡中的兴奋—收缩耦联和 Ca^{2+} 调节及非 H$^+$（或 Pi）的中间干扰因素；b. 较慢的变化包括肌肉收缩中一系列部位和 H$^+$ 或（Pi）代谢物及其产生的影响。

氢离子疲劳学说与碱性缓冲物质的补充

一、氢离子疲劳学说

运动性疲劳的原因中，氢离子学说是被普遍接受的学说之一。该学说认为，机体在高强度运动中由于氧供应不足，骨骼肌细胞需要通过糖酵解供能进行收缩运动，但在 ATP 产生的同时有大量乳酸在短时间内产生，而机体自身的缓冲系统难以完全缓冲急剧产生的乳酸，致使乳酸堆积，$[H^+]$ 浓度增高，pH 值下降。过多的 H^+ 可直接作用于肌原纤维，抑制肌动蛋白和肌球蛋白的结合，横桥不能形成，致使收缩能力下降。高浓度 H^+ 还可抑制钙离子从肌浆网释放，间接作用于兴奋—收缩耦联过程，影响收缩能力，导致疲劳的产生。高浓度 H^+ 还可抑制磷酸果糖激酶和磷酸化酶的活性，减慢糖酵解过程，使 ATP 和磷酸肌酸的合成减少，也会导致肌肉收缩能力下降。H^+ 增多还可损害神经冲动的传导，从而影响骨骼肌的收缩能力。因此，大量乳酸引起的 H^+ 增多是肌肉收缩能力下降和疲劳产生的重要原因，如图 4.15 所示。

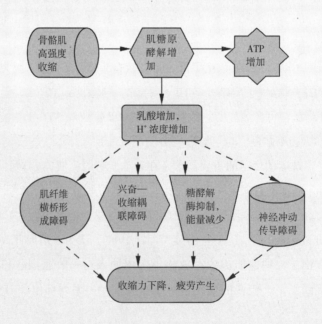

图 4.15　氢离子疲劳学说示意图

高强度运动依赖于中枢神经系统对于Ⅱ型肌纤维的募集能力，乳酸堆积会使Ⅱ型肌纤维在过酸环境下受到影响，并在酸性持续下降的情况下疲劳，长时间或者重复组数的高强度训练会使Ⅱ型肌纤维疲劳，而一旦中枢神经系统不能募集足够的肌纤维去维持功率输出，就会表现出运动能力降低。

基于氢离子疲劳学说，多数资料表明，对于高强度、时间为45 s~7 min或更长的运动，不管是持续性运动还是间歇性运动，补充酸性缓冲剂可起到提高运动成绩的作用。目前最常用的缓冲剂是碳酸氢钠。补充碳酸氢钠可使血浆或细胞外液 $NaHCO_3/H_2CO_3$ 缓冲对比值升高，碱储备增加，清除酸性物质的能力增强，体液酸碱平衡和电解质平衡趋于稳定，进而促进能量的生成，增强肌肉收缩，延缓疲劳发生，提高运动成绩。有研究报告，运动前1 h服用0.4 g/kg体重的碳酸氢钠，可以显著提高受试者股四头肌的收缩能力，并减轻肌肉的疲劳程度，加快运动后恢复。

二、补充碳酸氢钠常规服用方法

1. 服用剂量

补充碳酸氢钠的剂量范围为0.2~0.5 g/kg体重，但一般认为最低有效剂量为0.3 g/kg，最佳有效剂量为0.3~0.4 g/kg。有人总结，在0.1~0.5 g/kg剂量范围内，服用剂量越大，运动成绩提高的幅度就越大。如果碳酸氢钠剂量小于0.1 g/kg，则效果不明显。

2. 服用形式

有胶囊、片剂、液体等。如果使用胶囊或片剂，应同时服用0.5~1 L水或饮料。也可与柠檬酸钠、磷酸钠等酸性缓冲剂联合使用，但剂量上要作调整。

3. 服用时间

一般要求训练或赛前1~2 h内服用。曾有人让受试者连续5 d服用碳酸氢钠（0.5 g/kg体重）后，血浆pH值和碳酸钠浓度升高，60 s最大强度蹬车做功量和最大功率值明显增加。该研究表明在运动前

5 d 连续服用碳酸氢钠也有效果。

4. 服用次数

一般建议一次性服用，或运动前数小时内多次、少量服用。多次、少量服用有可能减轻或避免胃肠不适等不良反应。

剂量越大，越有可能引起或加重不良反应。剂量过大，还可导致碱中毒，甚至有过量服用引起胃破裂的个案报告。长时期大剂量服用有可能引起心率失常、肌肉痉挛、情绪变化，如冷漠和易冲动等。因此，碳酸氢钠的服用剂量必须适合。

延伸阅读 ── **短时间运动疲劳的决定性因素是什么?**

Gibson 和 Noakes 等（2001）总结了他们实验室和其他研究者的研究结果，在人体运动中，代谢性疲劳因素包括乳酸增加、肌细胞内 pH 下降、磷酸肌酸大大减少、肌纤维兴奋—收缩耦联减弱等，尽管这些因素可能通过作用于感觉神经传入对运动神经元和运动中枢产生影响，但都不是直接导致运动性疲劳发生的直接原因（Fitts，1994；Noakes，1998）；在一次运动中，由于运动的强度与持续时间不同，有多种不同的生理过程甚至非生理的意识过程参与了疲劳的发生与调节，因此，运动性疲劳是运动特点决定的。

不论是一次的最大速度跑或多次间歇性最大速度跑训练中，力量下降与疲劳发生与能量物质的消耗和代谢物质堆积并没有紧密的相关关系，中枢神经控制机制是疲劳发生的主要决定因素，可能是外周肌肉感觉神经传入使运动的中枢策略发生适应性变化，是避免肌肉损伤的保护性反应。

2. 长时间耐力运动疲劳

耐力运动疲劳的主要因素包括肌肉和肝脏糖原的消耗、血糖下降、脱水和体温上升。这些疲劳的因素在不同运动性质和不同环境都会有差异，如肌糖原的动用在 25%VO$_{2max}$ 强度运动时为 0.3 葡萄糖单位千克$^{-1}$min^{-1}，当负荷强度为 100% VO$_{2max}$ 时升至 3.4 葡萄糖单位千克$^{-1}$min^{-1}。当以 70%VO$_{2max}$ 强度运动至力竭时，肌糖原接近耗竭（消耗 90% 左右），可维持运动约 90 min。因此肌糖原的储量和代谢能力是决定耐力的重要因素。脂肪酸虽是耐力运动的能源，但储量很大，不是疲劳的能量因素。在长时间游泳至力竭时，慢肌纤维中 ATP 酶活性变化不显著，收缩力下降不是由酶活性引起的。在长时间耐力运动时，体内糖储备和肌糖原大大减少是疲劳的原因。

（三）神经—内分泌（激素）—免疫—代谢物调节的运动疲劳网络

在运动疲劳研究中，也发现了在运动应激细胞的各种代谢变化与神经—内分泌—免疫调节网络存在明显的相互作用。根据这些成果，冯炜权在《运动性疲劳和恢复过程与运动能力的研究新进展》一文中，总结当时研究成果，初步提出了神经—内分泌（激素）—免疫—代谢物—调节疲劳网络（图 4.16），从人整体的水平上用分子网络分析运动疲劳，更加整体地阐明了运动疲劳各种因素和环节的相互关系。

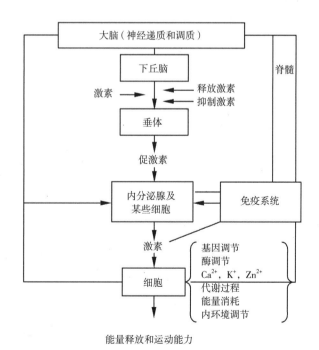

图 4.16　神经—内分泌、免疫系统和代谢调节的运动疲劳网络
（引自冯炜权，1993）

运动中疲劳的中枢调节

近年来，大量的研究中根据对不同条件下的耐力运动训练中不同疲劳环节的分析，比较一致地认为中枢是耐力训练中最重要的疲劳调节环节。

①中枢调节运动单位的募集。在高强度耐力训练中，过去一般认为肌肉可利用的能量物质肌糖原、血糖、脂肪酸是疲劳的主要限制因素，但近年的研究发现，肌糖原消耗或糖类的氧化并不是疲劳的绝对因素，不论是一次的最大速度跑或多次间歇性最大速度跑训练中，力量下降与疲劳发生与能量物质的消耗和代谢物质堆积并没有紧密的相关关系。同时中枢也通过降低对外周肌肉的运动驱动下调肌肉的功率输出，运动单位募集减少。可能是外周肌肉感觉神经传入使运动的中枢策略发生适应性变化，是中枢神经系统传出的保护性反应，以预防肌肉损伤。

②中枢接受外周反馈，下调对肌肉的传出行兴奋。在长时间大强度耐力训练中，最大有氧能力并不是大强度耐力运动疲劳的主要决定因素（Noakes，1998），肌肉内的能量代谢不是一次最大强度的耐力训练中疲劳的第一限制因素。在长时间大强度耐力运动疲劳时，骨骼肌和心脏发出感觉传出信号到大脑中枢，下调运动皮层对运动肌肉的传出兴奋性，骨骼肌的工作能力降低，称为中枢控制疲劳理论。

第三节　力量和速度、耐力训练后恢复和适应过程的生物化学基础

一、力量和速度、耐力训练与骨骼肌供能物质代谢能力的适应过程

（一）耐力训练与骨骼肌供能物质代谢能力的适应过程

1. 耐力训练动物模型对骨骼肌供能物质代谢能力适应过程的一般特点

在运动过程中，肌肉供能过程的主要途径是糖有氧代谢或糖酵解，脂肪氧化。在供能代谢中，耐力训练的影响和适应在肌肉细胞的基本特点是什么？

在耐力训练动物模型中，以慢频率电刺激兔肌肉的胫骨前肌，每秒刺激 10 次，每天 2~4 h，在 3 天 ~10 周内用活检法测定肌肉中酶活性的变化特点（图 4.17、图 4.18）。

从图 4.17 和图 4.18 中可见，用慢频率长期电刺激模仿耐力运动时肌肉中酶适应过程中的有氧代谢酶活性，在第 2~3 周时酶活性提高最大，如琥珀酸脱氢酶、柠檬酸合成酶、苹果酸脱氢酶和己糖激酶等糖有氧代谢酶，以及脂肪有氧代谢酶 3- 羟乙酰辅酶 A 脱氢酶。其后逐渐下降，至第 10 周时虽仍有提高，但接近原水平。从图中可见，无氧代谢的糖代谢酶逐渐下降，乳酸

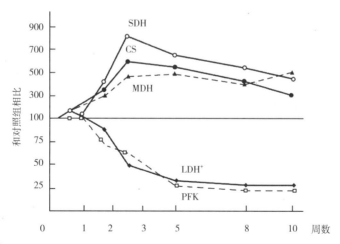

图 4.17　慢频率电刺激兔胫骨前肌过程中肌肉中酶活性的变化

（Henriksson 等，1986）

注：SDH—琥珀酸脱氢酶　CS—柠檬酸合成酶　MDH—苹果酸脱氢酶
　　LDH—乳酸脱氢酶　PFK—磷酸果糖激酶

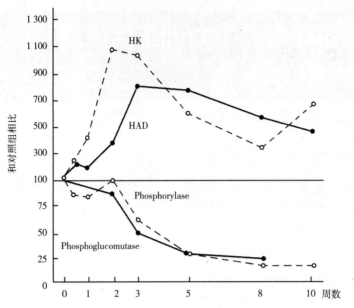

图 4.18　慢频率电刺激兔胫骨前肌过程中肌肉中酶活性的变化

(Henriksson 等，1986)

注：HK—己糖激酶　　HAD—3- 羟乙酰辅酶 A 脱氢酶

Phosphorylase—磷酸化酶　Phosphog lucomutase—磷酸葡萄糖变位酶

脱氢酶、磷酸果糖激酶、磷酸化酶、磷酸葡萄糖变位酶等逐渐下降至原水平的 25%。

当大鼠在活动跑台上，以递增跑速 10~60 m/min 的强度，每周跑 5 d，训练两个月后，在不同类型的肌纤维中，快肌氧化糖酵解纤维（type ⅡA）、慢肌纤维（type Ⅰ）和快肌糖酵解纤维（type ⅡB）中有氧代谢能力变化的特点也不同（图 4.19）。

由上可知，肌肉耐力活动中供能物质代谢的适应过程特点是：

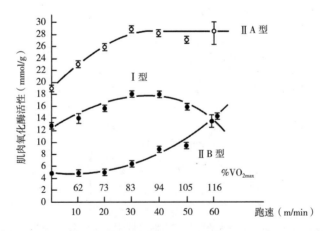

图 4.19　大鼠在不同跑速运动时不同肌纤维氧化酶活性的变化

(Dudley，1982)

①与肌肉活动强度（收缩频率）相关。

②和固定的强度（频率）活动的总时间有关。从图 4.19 中可知，强度 30 m/min（83% VO_{2max}）时是肌肉氧化酶活性提高的最适强度，负荷强度加大时，肌肉氧化酶活性反而下降。在专项训练时，应当注意根据适应过程的特点，适时提高负荷强度或量度，依靠科学监控适时调整。

2. 耐力训练对人体骨骼肌能物质代谢能力适应过程影响的一般特点

8 名正常人以 80%VO_{2max} 运动每天 1 h，每周 5 d，训练 7 周后，用活检法在股外肌取样，测定丙氨酸氨基转移酶（AAT）和柠檬酸合成酶（CS）的活性。如图 4.20 所示，7 周自行车耐力性训练后 AAT 和 CS 活性显著增加，同时测定其和酶促代谢的相关产物浓度，从表 4.14 可知，耐力训练 7 周后，运动后肌肉中通过 AAT 酶促的有关代谢物（乳酸、丙酮酸）浓度相对减少，与 CS 相关的柠檬酸明显上升。

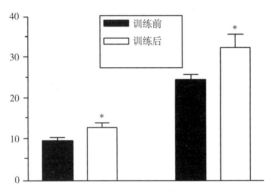

图 4.20　自行车耐力训练 7 周前后肌肉 AAT，CS 活性明显升高
（Krista 等，2004）

表 4.14　自行车耐力训练 7 周前后肌肉中的代谢物（μmol/kg 干肌）

	训练前			训练后			
	安静	5 分	力竭	安静	5 分	力竭 1	力竭 2
CP	97.7	56.0	38.6	95.5	86.8	60.3	50.4
糖原	405.3	345.0	129.5	640.0	610.7	477.8	303.4
乳酸	4.4	56.4	50.1	4.2	16.7	20.9	21.4
丙酮酸	0.18	0.63	0.76	0.14	0.46	0.39	0.44
柠檬酸	0.25	0.45	0.74	0.27	0.76	0.81	0.89
丙氨酸	6.9	12.5	12.1	7.4	10.7	12.6	12.4
谷氨酰胺	11.2	3.5	4.0	11.2	6.7	5.5	5.3

（摘自 Krista 等，2004）

3. 停训对人体骨骼肌能物质代谢能力适应过程的影响

未受训练者在自行车功率计上以 80%VO~2max~ 强度每天运动 40 min，每周 4 d，训练 8~10 周。在训练过程中和停训后 2，4，6 周，分析其有氧代谢酶，包括琥珀酸脱氢酶、细胞色素 C 氧化酶和最大摄氧量的变化（图 4.21）。有氧代谢酶活性变化幅度大于最大摄氧量（VO_{2max}）。而在停训后酶活性下降较快，而 VO_{2max} 下降速度平缓。

动物和人体的耐力性训练能提高机体的有氧代谢能力，而无氧代谢能力反而降低，对训练的适应存在专项性。当停止训练时，训练的生化效果便很快消退。在相关的供能物质代谢中，肌肉对耐力训练适应的指标归纳见表 4.15，供进行训练监控时应用。

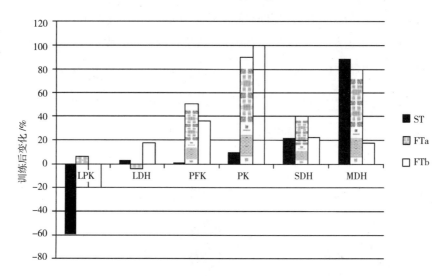

图 4.21　速度训练后肌肉酶活性的变化（Takckura & Yoshioka 1990）

表 4.15　耐力训练时肌肉的适应性变化

ST 肌纤维肥大
增加肌纤维毛细血管数和供血量
增加肌红蛋白含量
增加线粒 ATP 的氧化磷酸化能力
增大线粒体容积和数量
增加糖和脂肪氧化能力
增大脂肪作为燃料的作用
有较高糖原和甘油三酯含量
耐力能力提高

（引自 Maughan R. 等，1997）

（二）力量和速度训练对骨骼肌供能物质代谢能力的适应过程

1. 无氧代谢酶活性升高，有氧代谢酶活性无明显变化

力量和速度训练时，不同肌纤维中酶活性的适应也不同，在 FTa 和 FTb 中的变化与 ST 中的变化不同（图 4.22）。速度训练时，在 FTb 中，LDH（乳酸脱氢酶）、PFK（磷酸果糖激酶）、PK（丙酮酸激酶）明显上升，而有氧代谢酶 SDH 和 MDH 改善比 ST 少；在 ST 和 FTb 中，CK（CPK）反而下降。FTa 中各种酶的变化特点居 ST 和 FTb 之间。

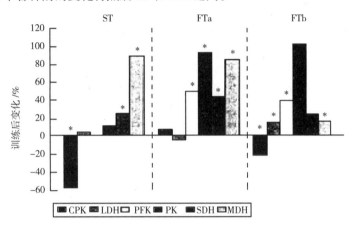

图 4.22　速度训练后肌肉酶活性的变化
（Takckura & Yoshioka, 1990）

2. CP 和肌糖原是力量和速度练习时的主要供能物质

9 名健身运动员在力量训练时，完成前后蹲起和座位蹬腿及负重坐凳起 20 组：每组重复 6~12 次，共 30 min，测定股四头肌和血中代谢物的变化。从表 4.16 中可知，运动后肌肉和血中乳酸上升，肌肉中糖原明显下降（由 690 mmol/kg 干肌降至 495 mmol/kg 干肌），肌肉葡萄糖升高，血乳酸升高至 11.7 mmol/L；而血中游离脂肪酸没有变化，但肌肉甘油三酯减少，3- 磷酸甘油也增多，同时，肌肉中 ATP，CP 也下降，这都说明运动时 ATP，CP，肌糖原和肌肉中的脂肪都参与运动时供能；但 CP 和肌糖原下降最多，是力量练习时的主要供能物质。

表 4.16　健身运动员力量训练时肌肉和血液中代谢物的变化

	运动前	运动后	差异显著性
骨骼肌（mmol/kg 干肌）			
ATP	24.8	19.7	#
CP	89.5	45.8	#
肌酸	50.8	100.0	#
葡萄糖	1.5	8.2	#
6- 磷酸葡萄糖	1.8	16.7	#
3- 磷酸甘油	5.7	14.1	#
乳酸	22.7	79.5	#
糖原	690	495	#
甘油三酯	23.9	16.7	$p > 0.05$

	运动前	运动后	差异显著性
血浆（mmol/L）			
游离脂肪酸	0.22	0.22	p＞0.05
甘油	0.02	0.1	#
葡萄糖	4.3	5.5	#
乳酸	3.8	11.7	#

（引自 Tesch 等 1986；Essen-Custavsson & Tesch，1990）

3. 肌肉糖原大量消耗，快肌中糖原消耗大于慢肌

在运动员以 70%~90% 最大负荷完成大负荷抗阻力运动（20 组，重复 6~12 次）后，在四头肌中可见，运动后 15% 的 FT 中糖原处于大量消耗；77% 处于中等消耗水平；8% 大量消耗；在 ST 中 95% 处于中等消耗水平，5% 大量消耗（图 4.23）。

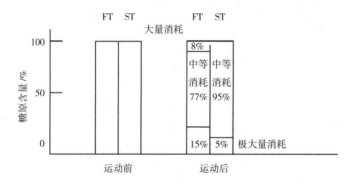

图 4.23　肌肉中糖原在大强度力量训练时的变化（引自 Komi，1991）

总的来说，力量和速度训练后，肌肉适应的主要表现见表 4.17 所示。

表 4.17　力量和速度训练时肌肉的适应性变化

肌纤维肥大
肌肉横截面增大
肌肉磷酸肌酸和糖原含量增加
糖酵解能力提高
增加力量和高强度运动能力
增加线粒体密度

（引自 Maughan R. 等，1997）

二、运动后恢复过程的生物化学基础

（一）骨骼肌细胞的恢复与适应

运动训练对身体的适应过程应包括各器官、系统和其调节机理，但细胞适应是器官水平的基础。骨骼肌细胞是完成运动的基本单位，故不同运动都可引起肌细胞产生适应性变化。

①力量和速度训练使肌肉体积增大，力量训练的类型和方法不同，引起的适应也有不同特点。

抗阻力训练可优先使快肌纤维增大，在肌纤维类型组成不变下可使快肌纤维（II型）在正常范围内增大 90%。速度或力量训练可选择性地使快速糖分解纤维（type II b）或快速有氧糖分解纤维（type II a）变得肥大，如图 4.24 所示。

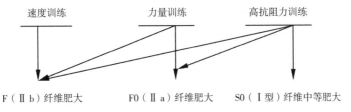

图 4.24 不同训练类型对肌纤维肥大的效果
（引自 Viru A.，Viru M.，2001）

②耐力训练时，主要增加慢肌纤维（I型）的线粒体数量，有氧代谢的酶活性增加，有助于提高有氧代谢生成 ATP 的能力，从而提高耐力。

如图 4.25 所示是耐力训练的适应。

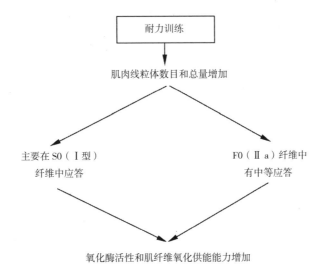

图 4.25 耐力训练对肌纤维线粒体的适应特点
（引自 Viru A.，Viru M.，2001）

（二）蛋白质合成的恢复与适应

1. 蛋白质合成适应的一般规律

蛋白质是生命活动中完成各种机能活动的结构和活性物质。因此，运动后对蛋白质合成的适应主要为：

①运动中消耗的蛋白质修复和运动机能提高需求的蛋白质增加，从而使肌肉细胞结构蛋白增加。

②酶蛋白适应性增加，从而使某些酶数量增多而活性增加，有助于相应的代谢过程顺利或加速进行。训练课中激素的变化对代谢可起到放大和诱导的作用，因此，适应作用应达到结构变化增大和酶分子数量增加，其关系如图4.26所示。

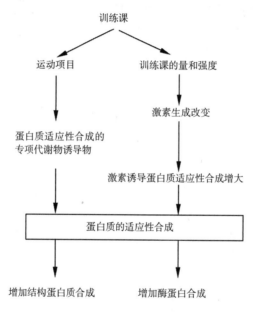

图 4.26　运动训练和蛋白质合成的适应
（引自 Viru A，Viru M.，2001）

2. 酶蛋白合成的适应特点

酶蛋白合成的适应特点，从蛋白质合成的规律来看是一致的，但从运动的影响来看，则明显存在运动负荷性质的影响。

耐力训练与耐力相关的有氧代谢酶主要位于线粒体，提高线粒体酶活性的适应性可分为3个阶段，即：

①线粒体酶非补偿性适应阶段：耐力训练开始时，在线粒体有氧代谢中的酶活性升高的同时，细胞质中的酶活性也升高，表明在耐力训练初期线粒体中酶活性的提高不足以满足运动时的能量要求，而要动员糖酵解的无氧代谢参与供能。

②线粒体酶补偿的适应阶段：随着以同样强度继续训练，在线粒体三羧酸循环中的有

氧代谢酶活性不断明显增加，而与糖酵解有关的无氧代谢酶活性下降，下降至接近训练前的水平。说明在这个阶段中，线粒体酶活性适应性升高达到能量需求，不需细胞质中无氧代谢酶升高来补偿。

③线粒体酶超补偿适应阶段：随着以同样负荷强度训练继续进行，线粒体酶活性处于稳定状态。

力量和速度训练中与力量相关的酶主要存在于细胞质中，酶活性的适应特点见第三章相关内容。

（三）能源物质的恢复与适应

详见第三章相关内容。

三、过度训练的生物化学基础

1. 过度训练时糖代谢的变化特点

大强度耐力训练可导致骨骼肌和肝脏糖储备大量消耗，但在训练课之间合理安排休息和补充糖，可使糖原再合成至原水平。糖原储备极大量地慢性消耗不是导致过度训练本身的原因，但在运动时，糖过量消耗会引发肌肉疲劳。过度训练时糖储备大量消耗，而在训练课间休息时又没有足够的代偿。

2. 过度训练时脂类代谢的变化特点

过度训练时，脂类代谢改变的特点为：①运动量增加提高氧化应激使胆固醇过氧化，导致较多的酯化胆固醇运转，在运动后，可见载脂蛋白 A_1（ApoA$_1$）、载脂蛋白 B（ApoB）增加，使酯化胆固醇和游离胆固醇比值增大。②进一步训练时，氧化应激导致甘油三酯／自由脂肪酸比值增加，血液中多不饱和脂肪酸增加，使载脂蛋白 C_3（ApoC$_3$）浓度下降。③有助于脂肪氧化的瘦素（leptin）减少而减弱脂肪氧化等。这些变化可作为了解过度训练期的状况和研究参考。

3. 过度训练时蛋白质代谢变化特点

在糖类和脂类出现上述变化后，继续进行高强度训练时，在过度训练者血浆中出现较高的氨基酸，而蛋血质降低，进一步可见氨基酸积累和 3 种蛋白质——α_1-酸糖蛋白、ApoC$_3$、免疫球蛋白 G_3（Ig$_3$）下降，这说明蛋白质分解代谢加强，氨基酸从蛋白质中分解出来用于三羧酸循环能量生成的代谢中，在过度训练最后阶段时，糖—脂类代谢调节受阻导致更多地利用氨基酸，增加蛋白质分解以满足肌肉的能量需求，并由此导致大脑中色氨酸增加，5-羟色胺生成增多，造成中枢疲劳，从而改变免疫和／或内分泌调节。

过度训练过程中的代谢变化规律，如图 4.27 所示。

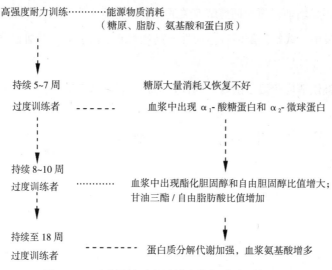

图 4.27 耐力训练过度训练者的代谢过程变化规律

本章小结 —— 　　首先界定了本章中力量和速度训练、耐力训练的含义，即力量训练包括发挥最大肌力以对抗阻力，或者肌肉以尽可能快的速度收缩产生快速的环节运动，运动的特点是运动时间较短，肌肉产生的绝对力量较大，包括常见的克服大阻力的运动如举重等典型力量项目，以及克服较大阻力的快速运动如短跑等典型的速度项目，运动中肌肉的能量供应以无氧代谢供能系统为主；耐力训练包括运动中肌肉产生的力量相对较小的运动，运动的特点是运动时间相对较长、环节运动的速度相对较慢，包括长跑、马拉松等典型的耐力项目，运动中肌肉的能量供应以有氧代谢供能系统为主。力量和速度、耐力训练中的物质代谢能量供应，可以简要地概括为运动时物质与能量代谢的两个过程和 4 个系统。具体情况主要取决于运动强度及运动强度的变化。

　　利用运动时物质和能量代谢的规律，提高训练的针对性和训练效果，无氧—低乳酸训练可以提高磷酸原供能系统供能能力素质的训练，最大乳酸训练法提高糖酵解供能系统供能能力素质的训练，常用于力量和速度项目运动员的专项训练。乳酸耐受力训练法也提高糖酵解供能系统供能能力素质的训练，乳酸阈（无氧阈）强度训练法提高有氧供能系统供能能力素质的训练，常用于耐力项目运动员的专项训练。

运动疲劳时身体的生物化学变化，主要包括运动疲劳时能量物质储备的变化，运动疲劳时出现能量代谢过程紊乱，运动疲劳时中枢产生的生化变化导致兴奋抑制失调，并导致脑异常症候群，运动疲劳时出现内分泌调节紊乱，特别是下丘脑—垂体—肾上腺轴和下丘脑—垂体—性腺轴激素在运动疲劳时发生的紊乱对疲劳的发生和发展产生较大影响。

力量和速度、耐力训练恢复和适应的生物化学基础，主要包括运动中骨骼肌供能物质代谢能力的适应，运动后骨骼肌细胞的恢复与适应、蛋白质合成的恢复与适应。不合理的适应则会发展为过度训练。训练中人体疲劳的特点、恢复和适应的规律，是制订训练方法和训练周期的基础。

练习题

一、名词解释

1. 糖阈

2. 乳酸阈

3. 磷酸肌酸阈

4. 无氧—低乳酸训练

5. 无氧阈训练

6. 最大乳酸训练

7. 乳酸耐受力训练

8. 运动疲劳

二、问答题

1. 简述力量和速度、耐力训练中的能量供应体系。

2. 以跑步为例，简述运动中肌肉内不同能源物质生成 ATP 速率与运动强度的关系。

3. 如何利用运动时物质和能量代谢的规律，提高训练的针对性和训练效果?

4. 举例说明如何进行乳酸耐受力训练。

5. 举例说明如何进行最大乳酸训练。

6. 简述无氧阈训练的原理。

7. 举例说明如何进行无氧阈训练。

8. 简述运动疲劳时身体的生物化学变化。

9. 运动疲劳的特点是什么?

10. 论述不同强度运动中能源物质的供能特点。

11. 论述不同强度和时间运动后，能源物质恢复的规律。

12. 力量和速度训练产生的肌肉的适应性变化有哪些?

13. 耐力训练产生的肌肉的适应性变化有哪些?

第五章
竞技运动营养生化分析

【学习任务】

回顾复习第三章、第四章的内容，这些内容是力量和速度、耐力训练中运动员营养的生化原理基础。膳食营养是运动员训练中营养的基础，结合不同的训练手段和训练方法，运动员能量代谢和物质代谢的特点，在训练中以及训练后的恢复适应过程中，有针对性地按照运动员对能量和营养素的需求，在训练前、训练中、训练后做好运动员营养工作，将其作为训练计划的一部分内容，以得到较好的训练效果和适应效果。

【学习目标】

1.掌握力量和速度、耐力训练的营养生化原理。

2.掌握耐力训练中营养的消耗特点和运动后补充的生化原理。

3.结合实践，能够应用力量和速度、耐力训练中膳食营养和营养补充的知识。

良好的膳食包括提供能量和在适当的时间提供各种营养素，这是运动员提高训练水平的基础。训练期间的持续能量摄入不足会导致肌肉和力量减少、增加疾病易感性、增加过度紧张和/或过度训练的发生。将合理的膳食策略作为训练计划的一部分，可提高训练水平、预防过度训练。运动员营养的显著特点是：

①运动员训练、比赛中的能量代谢率高，能量需要和营养素代谢非一般体力劳动可比。

②不同项目运动员训练、比赛中能量与营养素代谢显著不同，同一项目运动员在训练周期的不同阶段和不同的训练内容对能量和营养素的需求变化也很大。

需要注意的是，没有一种食物、食物组合或特殊运动营养品能替代平衡营养膳食，单独使运动员达到理想的运动表现。与其他人（非运动员）一样，运动员要根据膳食营养指南来摄取平衡膳食，同时采用提高运动能力的特殊营养策略。

第一节　力量和速度、耐力训练中合理营养的意义和目的

一、提供适宜的能量

①使运动员具备适宜的体重和体脂含量。

②运动中肌肉消耗大量的能量物质 ATP，运动员摄取含糖类丰富的食物以保证体能有充足的肌糖原和肝糖原储备，长时间运动中补充糖类，以保证运动中 ATP 再合成速率的需要。

③许多维生素和微量元素是参与能量生成的催化酶的辅酶或激活剂，充足的微量营养素可促进能量代谢，同时满足运动中对电解质的生理需要，这些营养素缺乏会降低运动能力。

详细生化原理请回顾复习第三章、第四章及运动生理学的相关内容。

二、延缓疲劳的发生

运动中引起人体运动能力下降的常见原因有：

①脱水引起体温调节障碍所致的体温升高。

②酸性代谢产物堆积，使体液 pH 值降低，进而抑制肌细胞能量生成、抑制肌细胞收缩等系列问题。

③大量出汗使电解质平衡失调造成代谢紊乱。

④能源物质主要是糖原的极度消耗，造成能量生成不足及低血糖等问题。

⑤免疫机能降低，造成易受感染，影响训练和比赛。

⑥微量营养素不足或缺乏等，影响人体的代谢和内环境稳定。

合理的营养措施，训练期和比赛过程中的饮食安排和补液等，可使运动员保持良好的机能状态，延缓疲劳的发生或减轻疲劳的程度。

详细生化原理请回顾复习第三章、第四章及运动生理学的相关内容。

三、加速运动后的恢复过程

运动能力的恢复关键在于：

①恢复身体的能量供应及能量储备的恢复，主要是肌糖元和肝糖元的恢复。

②代谢能力的恢复（如酶活性的恢复、各种结构性和功能性蛋白质的恢复合成、各器官组织和细胞的修复与机能提高等）。

③体液的恢复（恢复血容量和体液循环容量）。

④元素平衡的恢复（电解质平衡，包括钠、氯、钾、钙、锌、镁等）。

⑤肌肉细胞膜完整性的恢复等。

这些恢复主要靠合理的营养措施才能实现。为加速运动后体内能量、水、电解质、酶活性的恢复，应供给热能充足，蛋白质、无机盐和维生素丰富，高糖类低脂肪的平衡膳食。

详细生化原理请回顾复习第三章、第四章及运动生理学的相关内容。

四、预防运动外伤，增加免疫机能

肌纤维中糖原耗尽时，人体会发生疲劳，控制和纠正运动动作的能力受损害，运动外伤的发生也随之增加，体内糖原储备充足，有利于预防外伤。

体内的营养状况如蛋白质，氨基酸，糖类，锌，铁和维生素 A、C 等营养素不足会影响免疫功能，降低运动能力。

详细生化原理请回顾复习第三章、第四章及运动生理学的相关内容。

五、有助于解决运动员的一些特殊问题

不少运动项目如举重、摔跤、柔道、划船等常因比赛时参加某一级别的需要而减轻体重，体操、跳水、跳高等需要完成高难度动作而长期控制体重和体脂水平，长跑、公路与山地自行车等运动项目为减少运动中的阻力而需要长期控制体重和体脂水平，采取的饥饿、半饥饿、限

制饮水、高温发汗、加大运动量引起出汗等措施，可引起营养缺乏、脱水等问题；运动员在冷、热环境中训练会有一些特殊的营养需要，这些都需要科学合理的营养监督，保证运动员训练和良好的健康水平。

详细生化原理请回顾复习第三章、第四章及运动生理学的相关内容。

第二节 力量和速度、耐力训练中人体能量和营养素需要量

一、力量和速度、耐力训练中人体能量需要量

参加一般体育活动的人（每天运动 30~40 min，每星期运动 3 次）通过正常膳食就能达到能量需要（每天 1 800~2 400 kcal；或对于体重为 50~80 kg 的个体，每天每千克体重 25~30 kcal），因为他们运动所消耗的能量不太多（每次运动消耗 200~400 kcal）。

从事中等强度训练（每天进行 2~3 h 强度训练，每星期训练 5~6 次）或大强度训练（每天进行 1~2 次，总计 3~6 h 的强度训练；每星期训练 5~6 次）的运动员，运动时额外消耗的能量为 600~1200 kcal/h。因此，他们的能量需要可达到每天每千克体重 50~80 kcal（对于体重为 50~80 kg 的个体，每天每千克体重 2 500~8 000 kcal）。优秀运动员在艰苦训练和比赛期间的能量需要更多。参加环法自行车赛的运动员，为完成比赛，每日需要摄入高达 12 000 kcal（对于体重为 60~80 kg 的个体，每天每千克体重 150~200 kcal）的能量。另外，对体格较大的运动员（体重为 100~150 kg）来说，在不同训练阶段，根据训练量和强度，每日能量需要可为 6 000~12 000 kcal。

一般男性耐力项目的运动员每天能量摄取为 3 000~5 000 kcal。以每千克体重计算，高强度训练的女运动员的一般能量摄取量和男运动员相差不大。虽然抗阻运动的能量需求通常比耐力运动少，但进行力量训练和健美运动的运动员也许和耐力运动员有同等的总能量需要，主要是因为体型的增大和非脂肪质量的增加。在以增加肌肉质量为目标的情况下，必须摄取足够的能量以配合肌肉生长的需要。因此，许多力量项目的运动员每天每千克体重需要 44~50 kcal，而在激烈训练时的能量要求则更高，可超过每天每千克体重 50 kcal。

人体在不同训练手段类型中的能量需求与消耗及代谢模式不一样（表 5.1），不同运动项目运动员平均每日能量需求，可以参考不同运动项目中国优秀运动员每日能量需要推荐值（表 5.2）。

表 5.1　不同训练类型中能量供应的特点

能量供应类型	能量代谢	训练持续时间	血乳酸/(mmol·L^{-1})	心率/(次·min^{-1})
恢复	有氧氧化		0~2	低于 120
耐力 1	有氧氧化	15 min 以上	2~4	120~140
耐力 2	有氧/无氧混合	8~15 min	4~6	140~160
耐力 3	有氧/无氧混合	4~8 min	6~8	160~175
速度 1	无氧供能	3~4 min	大于 8	大于 175
速度 2	无氧供能	1~3 min	个人最高值	个人最高值
速度 3	无氧供能	20 s 以内	低	低

注：血乳酸浓度和心率对训练的反应有个体差异和项目差异，差异主要来源于训练水平和肌纤维类型不同。

表 5.2　不同项目中国优秀运动员每日能量需要推荐值

运动项目	能量摄入量/日 (kcal/d)（平均）
跳水，射击（女），射箭（女），体操（女），艺术体操，蹦床，垒球	2 200~3 200（2 700）
体操（男），武术散手（女），武术套路，乒乓球，羽毛球，短跑（女），跳远（女），跳高，举重（75 kg 以下），网球，手球，花样游泳，击剑，射箭（男），速度滑冰，花样滑冰（女），柔道（女），赛艇（女），皮划艇（女），跆拳道（女）	2 700~4 200（3 500）
花样滑冰（男），中长跑，短跑（男），跳远（男），竞走，登山，射击（男），球类（篮球、排球、足球、冰球、水球、棒球、曲棍球），游泳（短距离），高山滑雪，赛艇（男），皮划艇（男），自行车（场地），摩托车，柔道（男），拳击，跆拳道（男），投掷（女），沙滩排球（女），现代五项，武术散手（男），越野滑雪，举重（75 kg 以上），马拉松，摔跤（女）	3 700~4 700（4 200）
游泳（长距离），摔跤（男），公路自行车，橄榄球，投掷（男），沙滩排球（男），铁人三项	≥ 4 700（4 700）

二、力量和速度、耐力训练中人体营养素需要量

运动员训练时的膳食基础（蛋白质、脂肪和糖类供能的比例）与普通人膳食指南没有实质不同。因此，训练时的膳食可参照《中国居民膳食指南（2011 修订版）》。运动员和普通人膳食的基本区别在于，运动员需要额外的液体以弥补流失的汗液和运动所需的能量。用糖类作为额外的能量是较合适的。虽然在某些情况下其他营养素的需求也会增加（如蛋白质、B 族维生素），但糖类增加的需求似乎超出其他营养素增加的需求。因此，由于能量需要的增加，运动员应首先增加糖类食物（如面包、谷物、蔬菜、水果）的摄取量。对许多运动员来说，能量需求会超出膳食指南中建议的食物类别的最高量。为维持膳食多元化，这些运动员也可增加乳制

品和蛋白质食物的数量，维持不同食物类别中能量供应的比例与膳食指南一致。相反，少数运动员（特别是低能量需求的运动员）为获得足够糖类、蛋白质和微量营养素，需多选择营养素密集型食物。

（一）糖类

糖类因其化学结构的不同可分为单糖、寡糖和多糖。单糖包括葡萄糖、果糖和核糖等。寡糖包括蔗糖、乳糖和麦芽糖等。多糖则包括淀粉、糖原和纤维素等。糖类被消化成单糖后在小肠被吸收，进入血液成为血糖。血糖在进入肝脏、肌肉或其他组织后，可转变为糖原或其他非糖物质。糖类以糖原的形式储存在肌肉（肌糖原）和肝脏（肝糖原），肌糖原为 300~400 g，肝糖原为 80~100 g。糖可转变为甘油和脂肪酸或合成真脂在体内储存，也可转变为氨基酸及其他单糖（如核糖、脱氧核糖或半乳糖）。这些物质都是体内许多重要物质的必需原料。

糖类是肌肉活动的主要能量来源，在运动强度增加时，能起到能量池的作用。糖原储备和血糖水平对运动耐力非常重要。提高糖原储备和血糖水平需要摄入富含糖类的食物，如全麦面包和麦片、米饭、意大利面、面条、豆类食物、粗麦粉、玉米粥、水果和蔬菜等。

1. 运动供能的特点

运动时能量物质的消耗取决于运动强度和运动时间、运动员的性别和营养状况。在其他条件相同的情况下，增加运动强度会增加糖类的消耗量。持续运动时，糖类的利用从肌糖原转移到动用循环中的血糖。如果血糖水平无法维持，运动能力会下降。在不同的运动强度下，脂肪以近乎相同的绝对速度被代谢以提供能量。但由于糖类的动用随运动强度增加而增加，脂肪提供能量的比率因而减少。在休息和运动时蛋白质提供能量，但在已进食的人中大概仅提供少于 5% 的能量。当运动时间增加时，蛋白质可通过肝脏产生糖（糖异生）来维持血糖。

糖类是运动能量的主要来源。短时间、大强度运动的能量绝大部分由糖类供给；而长时间运动时，也首先利用糖类氧化供给能量。可利用的糖类耗竭时，才动用脂肪或蛋白质。与脂肪和蛋白质相比，糖类作为供能物质具有以下特点：①产能效率高。在消耗等量氧的条件下，糖类的产能效率比脂肪高 4.5%，这一优点在氧不足的情况下更为重要，在比赛时有时可成为决定胜负的因素。②糖类氧化的终产物是 CO_2 和水，CO_2 由呼吸道呼出，水经汗液和尿液排出，对内环境的影响较小，而脂肪氧化产生的酮体、蛋白质氧化生成的氨对身体会产生不利影响。

2. 膳食建议

从膳食中摄入糖类的推荐量因体重和运动水平的差异而有所不同。

进行一般活动的人，按照普通人的膳食摄入推荐标准即可满足宏量营养素的需求。一般建议 45%~55% 的能量来自糖类（每天每千克体重 3~5 g）、10%~15% 的能量来自蛋白质（每天每千克体重 0.8~1.0 g）和 25%~30% 的能量来自脂肪（每天每千克体重 0.5~1.5 g）。

进行中等、大量运动的运动员需要从膳食中摄入较多的糖类才能满足需要。每天进行 2~3

h 的强度训练，每星期训练 5~6 次的运动员，需要 55%~65% 的能量来自糖类（每天每千克体重 5~8 g；或对于体重为 50~150 kg 的个体，每天每千克体重 250~1 200 g），以维持肝糖原和肌糖原储备。

进行大量强度运动的运动员则需要从膳食中摄入更多的糖类才能满足需要。每天进行 3~6 h 的大量强度训练，每星期训练 5~6 次的运动员，每天需要摄入糖类每千克体重 8~10 g（对于体重为 50~150 kg 的个体，每天每千克体重 400~1 500 g），以维持肝糖原和肌糖原储备。

但是，进行大强度训练的运动员很难通过膳食摄入如此大量的糖类，因此建议运动员额外摄入浓缩的富含糖类的果汁／饮料或高糖类运动营养品，以此达到糖类的需求。

过去曾建议运动员摄取高糖类膳食（即超过 60% 的能量来自糖类），利用膳食供能比例作为饮食建议可能对最佳营养供应量造成一些误解。当每天能量摄取量是 4 000~5 000 kcal 时，就算膳食中 50% 的能量来自糖类，即提供 500~600 g（对于体重为 70 kg 的个体，每千克体重 7~8 g），也足以维持每日肌糖原的储备。如果遵循这种膳食建议，即使蛋白质供能比例低至 10%，绝对蛋白质摄取量（每天 100~125 g）也超出建议的蛋白质摄取量（对于体重为 70 kg 的个体，每天每千克体重 1.2~1.7 g，或总量 84~119 g）。相反，如果每天能量摄取量少于 2 000 kcal，就算 60% 的能量来自糖类也未必能提供足够的糖类来维持最佳的糖原储备（对于体重为 60 kg 的个体，每天每千克体重 4~5 g）。因此，根据运动员性别、体格、体重、体成分目标和运动表现，或许能更有效地制订供能营养素的摄入量和比例的具体建议。对大多数运动员来说，每天每千克体重摄入 7~8 g 的糖类就足够了。值得注意的是，摄入糖类的时间对糖原恢复非常重要。

（二）蛋白质

蛋白质由氨基酸构成，是生命的主要存在形式，也是构成人体的重要生命活性物质，如酶、激素和免疫物质等。蛋白质具有很多功能，对运动发挥重要作用。蛋白质中的氨基酸参与制造包括肌肉在内的身体各种组织，并修复旧的组织；参与激素和酶的合成，调控新陈代谢和其他身体功能；为运动肌肉提供少量的能量。

1. 食物来源

蛋白质的食物来源分为动物性和植物性两大类。动物性蛋白质由于动物在进化和分类上与人更接近，其氨基酸比例的可用性更高。植物性蛋白质则相对较差。粮谷类食物存在氨基酸比例不平衡和某些氨基酸含量过低，限制了此种蛋白质的营养价值。为提高机体对食物蛋白质的利用程度，可将动物性食物和植物性食物，或将谷类和豆类食物混合食用，使氨基酸比例平衡，通过蛋白质营养互补作用，提高蛋白质的营养价值。

2. 膳食建议

有关运动员的蛋白质需要量存在一些争议。最初认为，运动员蛋白质的推荐供给量（RDA）

不必超过普通人的 RDA（每天每千克体重 0.8~1.0 g）。但最近 20 年的研究表明，进行大强度训练的运动员为维持蛋白质平衡，需从膳食中摄入蛋白质的量是 RDA 的两倍（每天每千克体重 1.5~2.0 g）。如果运动员膳食摄入蛋白质不足，会出现负氮平衡，导致蛋白质分解代谢增加并减慢恢复。久而久之，会导致肌肉消耗和不能耐受训练。

进行一般体育活动的人的蛋白质需要量通常为每天每千克体重摄入 0.8~1.0 g。年长者为帮助预防衰老过程中肌肉组织的丢失，每天可增加蛋白质的摄入量（每千克体重 1.0~1.2 g）。建议进行中等量强度训练的运动员每天每千克体重摄入 1.0~1.5 g 的蛋白质（对于 50~150 kg 的运动员，每天 50~225 g），进行大量强度训练的运动员每天每千克体重摄入 1.5~2.0 g 的蛋白质（对于 50~150 kg 的运动员，每天 75~300 g）。尽管少数运动员能通过膳食摄入这些量，但较多的运动员通常很难摄入这么多的蛋白质。另外，很多项目的运动员容易发生蛋白质营养不良，如跑步、自行车、游泳、铁人三项、体操、滑冰、摔跤、拳击等。因此，为维持氮平衡，需注意确保运动员膳食摄入足够量的优质蛋白质（如每天每千克体重 1.5~2 g）。

但应注意并非所有的蛋白质都是一样的。蛋白质的差异主要是由于蛋白质来源、蛋白质中不同氨基酸的含量、蛋白质的分离加工方法的不同。这些差异影响具有生物活性（如 α-乳蛋白、β-乳球蛋白、免疫球蛋白、乳过氧化物酶、乳铁蛋白等）的氨基酸和肽的可利用率。另外，蛋白质吸收和/或消化的速度以及蛋白质代谢活性也需要重点关注。例如，不同类型的蛋白质（如酪蛋白和乳清蛋白）的消化速度不同，直接影响全身的分解代谢与合成代谢。因此，不仅要关注运动员膳食摄入足够量的蛋白质，而且要关注摄入蛋白质的质量。最好的低脂肪优质蛋白质是去皮鸡肉、鱼、蛋清和脱脂奶。最好的含优质蛋白质的营养补充品是乳清蛋白、初乳、酪蛋白、牛奶蛋白和鸡蛋蛋白。另外，豆腐、豆子、坚果和种子等植物性食物也提供了优质蛋白质。尽管一些运动员可能无须在膳食之外补充蛋白质，一些运动营养学家也不认为补充蛋白质是必需的，但为使蛋白质合成达到理想状态，还是建议一些运动员在运动后额外补充蛋白质以达到蛋白质的需要量和/或提供必需的氨基酸。

以下是关于蛋白质的一些要点：

①运动员个体每天每千克体重需要 1.5~2 g 的蛋白质。

②对健康的运动员个体，未发现摄入上述量的蛋白质对健康有损害。

③尽量从膳食中获得蛋白质，但额外补充蛋白质补充品是摄入优质蛋白质的安全和方便的方法。

④围绕训练来选择摄入蛋白质的时间对促进恢复和增加去脂体重有好处。

⑤蛋白质代谢物（如支链氨基酸）可对运动个体发挥一些作用，包括提高蛋白质合成速度、降低蛋白质降解速度，以及可能有助于运动后恢复。

⑥运动员相对于不运动的人，需要较多的膳食蛋白质。

（三）脂肪

膳食脂肪主要由 3 种脂类组成：甘油三酯、胆固醇和磷脂（如卵磷脂、脑磷脂和神经磷脂等）。食物中的脂肪又称为真脂，包括动物脂肪和植物油。无论是动物脂肪还是植物油，其主要构成均为甘油三酯，由一个分子的甘油和 3 个分子的脂肪酸组成。脂肪酸又分为饱和脂肪酸和不饱和脂肪酸。常见的不饱和脂肪酸有亚油酸、油酸、软油酸和花生四烯酸等。胆固醇是存在于动物组织的一种类脂物质，不是机体所必需的营养素，因为肝脏可合成胆固醇。

脂肪是正常膳食的一个必要成分，提供能量、细胞膜及相关营养素如脂溶性维生素（维生素 E、维生素 A、维生素 D、维生素 K）等基本元素。

1. 食物来源

膳食脂肪的主要来源有两类：动物性食物和植物性食物。动物性食物包括动物油（如猪油、牛油、羊油、鸡油、鱼油、蚝油、奶油）、骨髓、肉类和蛋黄中的脂肪。植物性食物包括植物油（如豆油、花生油、芝麻油、菜籽油、棉籽油、橄榄油）、坚果和种子（如花生、核桃、榛子、松子、杏仁、葵花子、西瓜子、芝麻和大豆）等含脂肪丰富的食物。

含饱和脂肪酸高的油脂有黄油、棕榈油、椰子油、牛油、羊油、猪油、鸡油和可可油等。单不饱和脂肪酸主要是油酸，含油酸高的油脂有橄榄油、花生油、低芥酸菜籽油、米糠油和葵花籽油等。膳食中主要的多不饱和脂肪酸是亚油酸（存在于植物油中）和亚麻酸（主要存在于深海鱼油中）。

2. 膳食建议

对普通人来说，脂肪提供的能量为 25%~30%。为维持健康，不建议将脂肪的供能比例降到 15% 以下。运动员的脂肪摄入推荐量与普通人相似或稍高一些。在维持能量平衡的情况下，运动员有时需要增加脂肪摄入量以补充肌肉内甘油三酯储备和提供适量的必需脂肪酸。这有赖于运动员的训练安排和目标。例如，高脂膳食比低脂膳食能更好维持血液中的睾酮浓度。通常建议运动员适量摄入脂肪（大约占每天能量摄入的 30%），当运动员有规律地进行大运动量训练时，脂肪摄入量增加至每天能量摄入的 50% 是安全的。如果运动员需要减少体脂，建议每天每千克体重摄入 0.5~1.0 g 的脂肪。一些减体重的研究发现，那些成功减去体重并能维持体重的人每天摄入脂肪的量少于 40 g，尽管这并非普遍情况。

另外，膳食脂肪的类型（如 Ω-6 /Ω-3，饱和程度）是脂肪发挥作用的重要因素。一般建议脂肪酸供能的比例为饱和脂肪：多不饱和脂肪：单不饱和脂肪 =1∶1∶1。运动员和健身人群应减少摄入饱和脂肪，主要摄入单不饱和脂肪（如橄榄油、加拿大油菜籽油、鳄梨油）和多不饱和脂肪（一些蔬菜油、鱼油）。

（四）维生素

维生素是一组维持人体正常生理功能和健康所必需的有机化合物，只需少量即能维持正常生理功能的需要，但缺乏又会引起生理功能障碍和缺乏病。维生素的主要功能为调节代谢过程、合成能量、神经过程及防止细胞破坏。

1. 维生素可分为水溶性和脂溶性两大类

水溶性维生素包括维生素 C（抗坏血酸）和 B 族维生素。B 族维生素包括维生素 B_1（硫胺素）、维生素 B_2（核黄素）、维生素 B_3（烟酸）、维生素 B_5（泛酸）、维生素 B_6（吡哆醛）、维生素 B_{11}（叶酸）和维生素 B_{12}（钴氨素）等。水溶性维生素有两个主要特点：①在体内不储存，必须经常摄取。当体内这些维生素充裕时，多余部分可通过尿液排出；过量摄取，一般不引起中毒，少数例外，如维生素 B_6，大量摄入会引起外周神经损伤；摄取不足时，缺乏症状出现较快。②构成机体多种酶系的重要辅基或辅酶，参与糖、蛋白质和脂肪等多种代谢。

脂溶性维生素包括维生素 A（视黄醇）、维生素 D（钙化醇）、维生素 E（生育酚）、维生素 K（叶绿醌）等。脂溶性维生素的特点是：①仅溶于脂肪和脂溶剂。②在肠道随脂肪经淋巴系统吸收，大部分储存在脂肪组织，由胆汁少量排出。③可在肝脏等器官蓄积，排泄慢，过量可引起中毒；当膳食中短期摄入不足或缺乏时，可动员储存的维生素来维持正常功能的需要。

维生素对人体多种代谢与功能的重要作用见表 5.3。

表 5.3 维生素作用与运动简要对照表

维生素	能量代谢	神经功能	血红蛋白合成	免疫功能	抗氧化	骨骼代谢
维生素 A				√	√	
维生素 D						√
维生素 E				√	√	
维生素 K						
维生素 B_1	√	√				
维生素 B_2	√	√	√			
维生素 B_3	√					
维生素 B_6	√	√	√			
维生素 B_7	√					
维生素 B_{11}		√	√			
维生素 B_{12}		√	√			
维生素 PP	√	√				
维生素 C			√	√	√	

2.膳食建议

尽管研究证明，维生素（如维生素 C、烟酸、叶酸、维生素 E 等）对健康有益，但很少有维生素直接对运动员提高机能有价值的报道。但一些维生素可通过减轻大运动量训练造成自由基损伤（维生素 E、维生素 C）和／或维持健康的免疫系统（维生素 C）使运动员更加耐受艰苦的训练。理论上讲，这有助于运动员耐受大运动量训练，导致提高运动能力。对正常饮食、营养素平衡的运动员来说，其他维生素增进机能的作用很小。由于膳食调查发现一些运动员能量和维生素摄入不足，建议在大运动量训练期间每天补充低剂量的复合维生素和／或运动后补充富含维生素的糖类／蛋白质补充品。

（五）矿物质

1.矿物质营养素种类

人体内除碳、氢、氧、氮外的元素统称为矿物质。根据人体的含量和日需要量可分为宏量元素和微量元素。总量超过体重 0.01%、日需要量大于 100 mg 的元素为宏量元素，有钠、钾、钙、镁、氯、磷、硫。总量低于体重的 0.01%、日需要量在 100 mg 以下的元素为微量元素。目前认为人体必需的微量元素有 8 种，包括铁、锌、硒、铜、铬、钼、钴、碘。人体可能必需的元素有 5 种，包括镍、钒、硅、锰、硼。具有潜在毒性，但在低剂量时人体可能必需的元素共有 7 种，包括锡、氟、铅、镉、汞、砷、铝。这些宏量或微量元素为机体所必需，在组织中含量恒定；如果缺乏，机体将出现相应的异常和特殊的生理、生化和临床改变，一旦得到纠正，异常现象消失，机体将恢复正常。

2.膳食建议

矿物质参与构成机体组织，是酶和激素的重要组成成分，并调节代谢和神经活动。有报道发现运动员可能缺乏某些矿物质，或在训练和／或长时间运动时，导致某些矿物质缺乏。运动员缺乏矿物质会降低运动能力。缺乏矿物质的运动员服用矿物质补充品能提高运动能力。另外，不缺乏矿物质的运动员服用矿物质补充品也能影响运动能力。

有些矿物质对特定条件下的运动员具有促进健康和增进机能的价值。如易患骨质疏松症的运动员服用钙补充品有助于维持骨量。最近还发现，服用钙补充品有助于控制体成分。有缺铁和／或贫血倾向的运动员服用铁补充品能提高运动能力。磷酸钠负荷能提高最大摄氧能力、无氧阈，并增加 8%~10% 的耐力运动能力。在热环境中训练的最初几天增加盐（氯化钠）的摄入有助于维持液体平衡并预防脱水。在训练期间服用锌补充品能减少运动引起的免疫功能的变化。因此，与维生素不同，在特定条件下，一些矿物质能提高运动员的运动能力和／或训练适应性。但是，其他一些矿物质，如硼、铬、镁、钒，在健康个体正常膳食的情况下，对运动能力或训练适应性的影响很小。

（六）水

人体内的水是构成体液的主要成分，占体重的60%~80%，是维持人体正常生理活动的重要营养物质之一。机体内的一切化学变化都必须有水的参与。机体内大部分水以结合水的形式存在，小部分以自由水的形式存在。结合水与蛋白质、黏多糖和磷脂等大分子相结合，均匀分布在体液中，发挥复杂的生理功能。总的来说，水具有构成人体、调节体温、参与物质代谢和化学反应以及润滑作用等生理功能。

对运动员提高机能最重要的营养物质是水。通过汗液使体重减少2%以上时，运动能力会明显受损。例如，当一名体重为70 kg的运动员在运动中体重减少1.4 kg（2%）时，其运动能力会明显降低。当运动中体重减轻超过4%时，会引起热病、虚脱、中暑，并可能导致死亡。因此，在运动时为保持水合状态，运动员摄入足够的水和/或糖-电解质运动饮料非常重要。运动员通常的出汗率为0.5~2.0 L/h，根据温度、湿度、运动强度和对运动的出汗反应不同而有所差异。这意味着为维持液体平衡并防止脱水，运动员需要摄入0.5~2.0 L/h的液体以补偿体重丢失。这需要在运动时每隔5~15 min摄入冷水或糖-电解质运动饮料180~240 mL。运动员不应根据是否口渴来决定是否需要饮水，因为一般人直到出汗流失了大量液体时也未必能感到口渴。另外，运动员应在训练前、后称体重，以确保维持适当的水合状态。运动员应训练在运动时能耐受摄入较多的水，并设法使自己在湿热环境下摄入更多的液体。防止运动时脱水是维持运动能力的一个重要途径。不恰当和过度的减体重手段（如蒸桑拿、穿橡皮衣、严重节食、呕吐、使用利尿剂等）非常危险，应被禁止。

延伸阅读

运动员平衡膳食营养指南

根据《优秀运动员营养推荐标准》，运动员应遵循三大热能营养素占总热能百分比推荐值的要求，同时做好以下几点：

①食物多样，谷类为主，营养平衡。

②食量和运动量平衡，保持适宜体重和体脂。

③多吃蔬菜、水果、薯类、豆类及其制品。

④每天喝牛奶或酸奶。

⑤肉类食物要适量，经常吃水产品。

⑥注重早餐和必要的加餐。

⑦重视补液和补糖。

⑧在医学指导下合理使用营养素补充品。

⑨避免快速减体重，重视减控体重时期的合理营养。

运动员营养素及食物的摄入推荐量

运动员的能量需求为 2 000~4 700 kcal（8 372~19 674 kJ）/d。不同项目运动员的能量需求与消耗及代谢模式是不一样的。运动员可根据日训练量的大小调整食物摄入量。减控体重的运动员应根据减体重的速率和运动量大小减少能量摄入。运动饮料用量需根据出汗量的多少和体重的减少程度增减。

按糖类（糖）50%~60%（耐力项目可到 70%）、脂肪 25%~30%（游泳项目可到 35%）和蛋白质 12%~15%（力量项目可到 18%）的推荐值。例如，一个体重为 65 kg 的乒乓球或羽毛球男运动员，能量需要量为 3 500~4 000 kcal，下列的一日食物摄入量大致可满足各种营养素的需要：

主食：500 g（其中米和面粉共占 80%，粗杂粮占 20% 左右）

蔬菜：500 g（其中绿叶菜应占 3/5）

水果：500 g（其中柑橘类应占 1/2）

牛奶：500 g（不能耐受牛奶者，可用酸奶、豆浆或加用乳酶片）

肉类：300~400 g（包括畜肉、禽肉、鱼类、水产品、鸡蛋等）

豆制品：50 g

运动饮料：500~1 500 mL

果汁：200 mL

食盐：8~10 g

精制糖或其他高糖食物：25~50 g（可以运动饮料的形式补充）

植物油：30 g

运动员进餐时应选择多种食物，如粮谷和薯类、蔬菜和水果类、奶、豆及其制品类、肉类（肉、鱼、禽、蛋、水产）等食物都应该摄入。一日食物总质量不大于 2.5 kg。大运动量训练和高热能需要者，可选用浓缩的、少纤维素、高能量饮料、食物或采取加餐。需要控制体脂者，则可选用纤维素多、能量低，但营养密度高的食物。

一、运动前的营养

传统的研究多集中在运动前摄取糖类，目的是使内源性糖原储备最大化并维持耐力运动中的血糖水平。近年来，研究开始关注抗阻运动前摄取糖类、氨基酸、蛋白质和肌酸对提高训练适应性和减少运动性肌肉损伤的作用。

运动前膳食要遵循以下一些通用指南：摄入足够的液体以保持水合；食物应是相对低脂肪和低纤维的，以便于胃排空并减少胃肠道不适；高糖类以维持血糖和使糖原储备最大化；适量的蛋白质；摄入运动员熟悉的食物。

尽管上述指南是合理有效的，但必须强调运动员的个性化需要。一些运动员喜欢在运动或赛前 2~4 h 摄入大量膳食（如薄饼、果汁和炒鸡蛋）；而另一些运动员摄入如此大量的膳食后会感觉胃肠道严重不适，需要依赖液体膳食。在尝试新食物或饮料时，要确保其能发挥最佳效果，并事先计划以确保在适当的时间摄入这些食物。

（一）运动前摄入糖类

身体的糖原储备是有限的，在中等-大强度（65%~85%VO_{2max}）运动时仅能维持几小时。当糖原水平降低时，运动强度、速度和做功都降低，且会增加肌肉组织降解并引起免疫抑制。

"糖原负荷"的概念可能是最早的营养时间安排的实践。推荐每天摄入高糖类（能量比例达 65%）膳食以维持肌糖原，在临近比赛的 5~7 d 里，将摄入糖类的比例增加至 70%，作为使肌糖原和肝糖原储备最大化的方法并维持运动中的血糖水平。传统的糖原负荷方法是在摄入高糖类膳食之前 3~6 d 使糖原耗尽，然后在摄入高糖类膳食的同时减少运动量，1~3 d 后就能使糖原储备达到最大水平。

与空腹状态相反，运动前进食能提高运动能力。运动员在比赛或大强度训练前，应准备膳食或零食，一方面是为迎接即将到来的活动；另一方面要使运动员既不感觉饥饿又不使胃里有未被消化的食物。

运动前膳食的数量和时间是相互关联的。因为大多数运动员不喜欢在运动前吃得很饱，在临近比赛时考虑到胃的排空，应摄入较少量的膳食。而当运动或比赛前时间比较充裕时，可摄入较大量的膳食。在运动前 3~4 h 摄入 200~300 g 糖类能提高运动能力。在运动前 1 h 进食糖类的建议存在争议。早期的研究认为，此模式会导致低血糖和过早疲劳，但最近有研究显示运动前进食对运动能力有益处或没有负面影响。但也有一些研究认为运动前膳食对提高运动能力没有效果或无有益的效果。

（二）运动前摄入氨基酸和蛋白质

抗阻运动前摄入氨基酸加糖类，或乳清蛋白能最大限度地刺激运动后的蛋白质合成。在长时间有规律的抗阻训练期间，常会发生急性运动引起的肌肉损伤。血清肌酸激酶（CK）活力是肌肉损伤的一个指标。离心运动后 CK 活力增加，肌肉最大力量下降。但运动前、运动后补充糖类−蛋白质并不改变这些肌肉损伤的指标。与单纯摄入糖类相比,运动前摄入多种营养素(糖类、蛋白质、脂肪)能明显提高纵跳能力和重复做功（80% 1RM）的次数，并明显增加运动中和运动后的血清生长激素、游离睾酮和总睾酮水平，提示创造了良好的激素环境。抗阻运动前摄入乳清蛋白和亮氨酸能明显增加力量。

在长期抗阻训练期间，运动前、运动后摄入蛋白质加糖类能明显增加力量、体重和瘦体重，血清 I 克 F-I 和肌肉 I 克 F-I mRNA 的水平，肌球蛋白重链 I 和 II a 的表达，以及肌纤维蛋白质的含量。运动前、运动后摄入蛋白质加肌酸加糖类能明显增加瘦体重、1RM 力量、II 型肌纤维横截面积，肌肉中的肌酸和糖原水平也较高。

运动前的营养小结：

①糖原储备有限，在很大程度上依赖于运动员的营养状态、运动强度和训练水平。在中等 -大强度（65%~85% VO_{2max}）运动时，内源性糖原储备仅能维持 90 min~3 h。

②糖原水平降低时，运动强度、速度和做功都降低。糖原耗尽与肌肉组织降解增加和免疫系统抑制联系在一起。

③高血糖指数的高糖类膳食（600~1 000 g 或 8~10 g/kg/d）能促进最大内源性糖原储备。

④运动前膳食的理想糖类和蛋白质含量依赖于一些因素，包括运动持续时间和健康水平，但通常的指南推荐在比赛前 3~4 h 每千克糖类摄入 1~2 g 和每千克蛋白质 0.15~0.25 g。

⑤运动前单独摄入必需的氨基酸或蛋白质能增加肌肉蛋白质合成。另外，运动前摄入蛋白质加糖类能进一步增加肌肉蛋白质合成。

⑥有规律地摄入不同来源的蛋白质结合糖类比单独摄入糖类更能刺激力量增加并改善体成分。

二、运动中的营养

与运动前膳食补充相似，运动中营养补充的研究也主要集中在对有氧能力的影响，较少强调抗阻运动中的营养补充。

（一）耐力运动中摄入糖类

最初的有关运动中营养补充的研究集中在摄入糖类对维持血糖水平的效果。在运动中提供外源性糖类有助于维持血糖水平并提高运动能力。在运动员没有实施糖原负荷、运动前未进食或因减控体重而限制能量摄入的情况下，运动中摄入糖类更加重要。

当耐力运动持续不超过 1 h，补充糖类（6%~8% 的运动饮料）是否有益于提高运动能力，还存在争议。现在的研究认为，补充糖类有益于提高运动能力，特别是运动员在早上空腹、肝糖原水平降低时运动。在这种情况下，外源性糖类有助于维持血糖水平和提高运动能力。而在非空腹状态下完成短时间的运动，补充糖类的好处并不明显。

对于较长时间（超过 1 h）的运动，补充糖类 0.7 g/kg/h（30~60 g/h）可明确延长耐力运动能力。运动中补充糖类能将运动（70%VO_{2max}）至力竭的时间延长 30%。在糖原水平较高的情况下，运动中摄入外源性糖类并不重要，但如果糖原水平较低，在耐力运动中摄入糖类可能提高运动能力。对大强度间歇性耐力运动的研究也表明，运动时补充糖类能维持血糖水平并有助于提高运动能力。

有研究认为，只有当运动中持续摄入糖类时，运动前摄入糖类才能提高运动能力；而运动（2 h）中摄入糖类能延长运动时间。另有研究认为，在运动 2 h 后摄入一定量的糖类的效果不如将这些量的糖类在 2 h 运动期间每隔 15~20 min 摄入一次的效果好。运动中摄入糖类间隔较短（每隔 30 min 摄入约 10 g 糖类）与间隔较长（每隔 60 min 摄入糖类 86 g）相比，在 4 h 的运动中均能维持血糖水平和胰岛素活性，但间隔较短的补充能明显延长冲刺至力竭的时间。因此，糖类摄入应在运动开始后的短时间内进行，并在运动中比较频繁地摄入。

上述研究表明，在耐力运动中摄入糖类能维持血糖水平、节约糖原，并可能提高运动能力。最近的研究还发现，不同形式的糖类混合在一起摄入，能明显提高长时间运动时糖类的氧化水平。

通常糖类的氧化速度峰值大约为 1 g/min（60 g/h）。外源性糖类可利用率及随后氧化的增加，能促进维持血糖水平并减少对肝糖原和肌糖原储备的依赖。例如，在长时间运动（60%~65%VO_{2max}）时，将葡萄糖与果糖混合摄入，能将糖类氧化速度提高到 1.2 g/min（提高 21%）；将麦芽糊精与果糖混合摄入，能将糖类氧化速度提高到 1.5 g/min（提高 40%）；将其他糖类混合摄入，能将糖类氧化速度提高到 1.75 g/min。在运动能力方面，在运动中将葡萄糖与果糖混合摄入,能延长 120 min 运动(55% 最大功率)后的运动时间(增加 8%)。需要注意的是,一般不单独摄入果糖,因为果糖可能引起胃肠道不适。尽管葡萄糖和果糖混合物、其他简单糖和麦芽糊精好像有效,但摄入的糖类应以葡萄糖为主。

如果摄入相同量的糖类和液体,糖类的形式看起来无关紧要。一些运动员喜欢用运动饮料,而其他运动员则可能喜欢将糖类零食或运动果冻与水一起摄入。摄入足够的液体对保持耐力运动能力也是必需的。

(二)耐力运动中摄入糖类加蛋白质或氨基酸

与单纯摄入糖类相比,长时间耐力运动时补充糖类加蛋白质,能更明显延长运动至力竭的时间,并有助于长时间力竭性运动造成的肌肉损伤。通过对超长耐力运动后蛋白质转换和 6 h 恢复的研究发现,单纯摄入糖类时的蛋白质处于负平衡,而在糖类中加入蛋白质能部分抵消蛋白质负平衡(使蛋白质负平衡程度减轻)。

(三)力量和速度运动中摄入蛋白质、氨基酸和糖类

在抗阻运动前和运动中摄入糖类能维持肌糖原储备并增强训练效果。与单纯摄入糖类相比,在急性大强度抗阻运动前、运动中和运动后时摄入糖类加蛋白质,运动后某些时间点的合成激素(胰岛素)水平明显较高,而分解激素(皮质醇)水平明显较低;运动后即刻的血清肌红蛋白水平较低,运动后 24 h 的血清肌酸激酶(CK)活力也明显较低;但运动能力无变化。抗阻运动中摄入糖类加必需的氨基酸能明显减少血清皮质醇升高的幅度,并明显减少尿 3- 甲基组氨酸(肌肉蛋白质降解指标)的升高幅度,有助于促进肌肉蛋白质的增加。

长期抗阻训练期间摄入糖类加必需的氨基酸,能降低蛋白质分解指标,增加 I 型、II a 型和 II b 型肌纤维横截面积,增加合成反应和减轻分解反应而增加肌肉合成代谢。

总之,在抗阻训练时摄入营养物质,如单独摄入糖类或摄入糖类加蛋白质,有助于促进维持较高的肌糖原水平、增加肌肉横截面积并减少肌肉降解。

运动中的营养小结:

①运动中糖类的可利用率和肌糖原水平是运动耐力的主要决定因素。当运动开始肌糖原水平降低时,补充糖类变得更加重要。

②当运动时间增加超过 60 min 时,外源性糖类对维持血糖和肌糖原储备很重要。每 10~15 min 摄入 6%~8% 的糖类饮料 240~480 min 可摄入 30~60 g/h 糖类。

③将不同的糖类混合摄入能将肌肉糖类氧化速度从 1.0 g/min 提高到 1.2~1.75 g/min,这与延长耐力运动时间有关系。

④葡萄糖、果糖、蔗糖和麦芽糊精可联合使用,但不推荐使用大量的果糖,因为很可能引起胃肠道问题。

⑤在糖类中加入蛋白质（糖类：蛋白质＝（3~4）：1）能提高急性运动和随后的耐力运动的能力。

⑥在抗阻运动时单独摄入糖类或与蛋白质联合摄入，能增加肌糖原储备，抵消肌肉损伤，促进急性和长时间抗阻运动后的适应性。

三、运动后（恢复）的营养

有很多营养干预手段用于促进运动后恢复。无论是耐力训练还是抗阻训练，合理的运动后营养都能提高运动能力。运动后营养补充的价值在于促进肌糖原的恢复、对急性氨基酸动力学变化提供正向刺激并促进蛋白质平衡，以及增强抗阻训练的适应性。

（一）肌糖原再合成最大化

比赛或运动后摄入膳食或零食的时间和成分取决于运动的持续时间和强度（如是否发生糖原耗尽）以及下一次强度运动开始的时间。例如，大多数运动员在完成马拉松跑时糖原储备已经耗竭，而在 90 min 跑步训练后糖原消耗明显少一些。因为参加马拉松比赛的运动员不像其他运动员会在同一天还参加其他比赛或艰苦训练，对这些运动员来说，运动后膳食的时间和成分不是很关键。与此相反，铁人三项运动员在上午完成 90 min 跑步后，下午还要进行 3 h 的自行车训练，需要在训练之间得到最大限度的恢复。为达到这一目标，训练后膳食显得相当重要。

运动后摄入糖类的时间在短时间内影响糖原合成。与运动后 2 h 才摄入糖类相比，运动员在运动后 30 min 内每千克体重摄入 1.5 g 的糖类，肌糖原再合成的速度更快，主要是因为此时肌肉对胰岛素的敏感性更高。延迟 2 h 摄入糖类，肌糖原再合成的速度降低 50%。如果运动后糖原耗尽，运动后的第一个 30 min 内摄入 0.3~0.5 g/kg 的糖类，随后每 2 h 摄入 1.2~2.0 g/kg 的糖类，直到 4~6 h，能使糖原储备恢复。与此类似，每隔 15~30 min 摄入 1.2 g/kg/h 的糖类也能使糖原再合成速度达到最大。因此，推荐在运动后 4~6 h 内频繁摄入大量糖类以确保肌糖原和肝糖原的恢复。

另外的研究还发现，如果摄入糖类能达到理想水平（8 g/kg/d），而且糖原消耗不太严重的话，24 h 内可使糖原水平得到恢复。如果运动员连续几天参加大强度比赛，建议摄入 9~10 g/kg/d 的糖类。

对于那些在强度训练课之间休息一天以上的运动员来说，营养的时间安排不是必需的，在运动后 24 h 内摄入足够的糖类，基本上能使糖原恢复。然而，在运动后尽快摄入膳食或零食对运动员达到每日糖类和能量目标可能是重要的。

摄入糖类的形式也影响运动后糖原合成。无论是液体还是固体形式，糖类促进肌糖原再合成的水平是相似的。不同形式的糖类对胰岛素水平的影响不同。将简单糖作比较，同样在 2 h

内摄入 1.0~1.5 g/kg，葡萄糖和蔗糖的效果差不多，而单独摄入果糖效果差一些。对于完整的食物来说，与含糖类量相等的低血糖指数的食物相比，摄入高血糖指数的糖类食物，糖原耗尽运动后 24 h 的肌糖原水平要高。

在运动后摄入的糖类中加入蛋白质有助于肌糖原恢复得更好并减轻肌肉损伤。另外，在运动后摄入的糖类中加入必需的氨基酸，特别是支链氨基酸有助于达到理想的蛋白质再合成以及肌糖原再合成的速度。

（二）力量和速度训练后氨基酸动力学的急性变化和蛋白质平衡

一次抗阻训练能适度刺激蛋白质合成，但也进一步刺激蛋白质降解，导致运动后总体上处于蛋白质负平衡；随着训练状态的持续，这种蛋白质平衡的变化趋于中性。注入或摄入氨基酸能提高安静或抗阻训练后的氨基酸水平。另外，在运动前和运动后即刻混合摄入氨基酸和糖类，能进一步增加氨基酸的可利用率和运动后蛋白质的合成。因此，在进行抗阻训练时想要促进增加瘦组织和改善体成分，提高血中氨基酸的浓度和可利用率是重点要考虑的。

当处于蛋白质负平衡时，在抗阻运动后 1 h 内单独大量摄入糖类（100 g）对增加总体蛋白质合成的作用不大。尽管没有发现糖类的不利影响，但它不是抗阻运动后的理想营养素（孤立地看）。但是，就刺激糖原再合成和增加可口性而言，糖类的成分是很重要的。必需的氨基酸（10~40 g）对促进肌肉蛋白质合成起主要作用，而加入糖类能增强这种效果。

在抗阻运动后很多时间点摄入氨基酸都表现出刺激肌肉蛋白质再合成、减少蛋白质降解、增加总体蛋白质平衡的作用。但理想的摄入时间点尚未被证明。理想的量以及必需的氨基酸 / 糖类比例也不清楚。目前常用的补充方法是：糖类：蛋白质 =3：1 或 4：1，即在运动后 30 min 内摄入 1.2~1.5 g/kg 的简单糖类（如葡萄糖、蔗糖）和 0.3~0.5 g/kg 的含必需的氨基酸的优质蛋白质。

（三）促进训练适应性的运动后营养补充

运动后摄入糖类和蛋白质有利于进一步增加力量和改善体成分。摄入蛋白质的来源也是值得重视的。与酪蛋白相比，乳清蛋白消化速度较快，这是摄入乳清蛋白增加蛋白质合成而对蛋白质降解影响很小或无影响的原因。而酪蛋白从消化道释放氨基酸的速度较慢，摄入酪蛋白对蛋白质合成的作用较小，但对减少蛋白质降解作用很大。从整体上看，酪蛋白促进蛋白质平衡的效果优于乳清蛋白。目前普遍认为，在完成繁重的抗阻训练后，摄入蛋白质（20~75 g）加糖类（50~75 g）有利于增加瘦体重并改善体成分。

（四）在糖类和蛋白质中加入肌酸

肌酸是一种广泛使用的运动营养品，具有提高运动能力和促进训练适应性的作用。在运动后摄入的糖类和蛋白质中加入肌酸可能有助于改善抗阻训练期间的体成分，如增加体重、瘦体重和力量。

运动后（恢复）的营养小结：

①运动后 30 min 之内大量摄入糖类（8~10 g/kg/d）能刺激肌糖原再合成。

②在糖类中加入蛋白质（0.2~0.5 g/kg/d），糖类∶蛋白质 =3∶1，能进一步刺激肌糖原再合成。

③运动后（运动后 3 h 内）摄入氨基酸，主要是必需的氨基酸,能刺激增加肌肉蛋白质合成；加入糖类能进一步增加蛋白质合成。

④长时间抗阻训练后摄入糖类加蛋白质能刺激增加力量和改善体成分。

⑤在糖类加蛋白质补充品中加入肌酸（0.1 g/kg/d）有利于提高抗阻训练的适应性。

四、运动员营养的时间安排总结

①长时间（>60~90 min）的中等-大强度运动使内在的能量储备耗尽，合理的营养时间选择有助于抵消这些变化。

②在大强度运动中，定时摄入 6%~8% 的糖类 / 电解质饮料，每 15~20 min 摄入 300~450 mL，以维持血糖水平。

③葡萄糖、果糖、蔗糖和其他高血糖指数的糖类容易被消化，但应减少摄入果糖，因为果糖吸收慢且可能引起胃肠道问题。

④在任何时间（特别是运动后）摄入加有蛋白质（0.15~0.25 g/kg/d）的糖类是可接受的，并能更好地促进肌糖原恢复。

⑤在运动后 3 h 内和运动前即刻摄入 6~20 g 必需的氨基酸和 30~40 g 高血糖指数的糖类，能明显刺激肌肉蛋白质合成。

⑥在有规律的抗阻训练期间，每天运动后摄入糖类加蛋白质补充品能更好促进增加力量并改善瘦体重和体脂百分数。

⑦来源于奶制品的蛋白质（如乳清蛋白和酪蛋白）吸收动力学不同，可导致其支持训练适应性上的差异。

⑧在糖类加蛋白质补充品中加入肌酸并结合有规律的抗阻训练，与不加肌酸相比，更有利于改善力量和体成分。

⑨膳食的焦点应集中在适量的糖类和蛋白质的供应及可利用率上，但包含少量脂肪并无害处并有助于控制运动中的血糖反应。

⑩不考虑时间安排，有规律地摄入含糖类和蛋白质（糖类∶蛋白质 =3∶1）的零食或膳食有助于促进恢复和肌糖原的补充。

本章小结 —

　　结合第三章、第四章的知识内容，运动中的能量代谢和物质代谢特点，以及不同训练类型运动后恢复与适应中能量物质和营养素的需求特点，是运动营养的生化原理基础。在运动员的力量和速度、耐力训练中，应根据不同项目运动员恢复和适应过程中能量代谢需求规律和物质代谢规律，合理安排膳食营养，以使人体机体对运动训练产生更好的恢复和适应效果；同时在运动中，按照训练和比赛的运动强度与运动持续时间，能量代谢和物质代谢特点，合理安排运动前、中、后的营养补充，满足运动中和运动后对能量及能源物质、蛋白质、水、电解质、维生素等营养素的需求。

练习题 —　问答题

　　1. 简述运动训练中的合理营养的目的。

　　2. 简述运动能力恢复的关键环节。

　　3. 举例说明如何通过膳食满足运动训练中的营养素需要。

　　4. 举例说明如何在运动前做到合理营养。

　　5. 举例说明如何在耐力运动中合理补糖。

　　6. 如何在运动结束后实现能源物质的快速恢复？

　　7. 总结力量、速度训练和比赛前、中、后的营养安排。

　　8. 总结耐力训练和比赛前、中、后的营养安排。

参考文献

[1] 阎守扶，杜澄 . 运动 饮食 肥胖病 [M]. 北京：北京体育大学出版社，2013.

[2] 美国运动医学学会 .ACSM 运动测试与运动处方指南 [M].9 版 . 王正珍，译 . 北京：北京体育大学出版社，2014.

[3] 冯炜权，等 . 运动生物化学研究进展 [M]. 北京：北京体育大学出版社，2006.

[4]《运动生物化学》编写组 . 运动生物化学 [M]. 北京：北京体育大学出版社，2013.

[5] 张戈 . 高强度间歇运动：运动量和锻炼效果研究进展 [J]. 中国运动医学杂志，2016，35（2）:184-188.

[6] 谢敏豪，冯伟权，严翊 . 运动内分泌学 [M]. 北京：北京体育大学出版社，2008.

[7] 李红娟 . 体力活动与健康促进 [M]. 北京：北京体育大学出版社，2012.

[8] 谢敏豪，等 . 运动生物化学 [M]. 北京：北京体育大学出版社，2008.

[9] 冯连世，等 . 运动训练的生理生化监控方法 [M]. 北京：人民体育出版社，2006.

[10] 武桂新，伊木清 . 运动营养学 [M]. 北京：北京体育大学出版社，2014.

[11] Don MacLaren. Biochemistry for Sport and Exercise Metabolism[M]. UK：Wiley-Blackwell，2012.

[12] Ron Maughan.The Biochemical Basis of Sports Performance[M].Oxford：Oxford University Press，2004.